Bruno Lukusa

Idéalisme et matérialisme au Zaire

Bruno Lukusa

Idéalisme et matérialisme au Zaire

Le mauvais enseignement de la philosophie a l'université au Zaïre

Éditions Croix du Salut

Imprint
Any brand names and product names mentioned in this book are subject to trademark, brand or patent protection and are trademarks or registered trademarks of their respective holders. The use of brand names, product names, common names, trade names, product descriptions etc. even without a particular marking in this work is in no way to be construed to mean that such names may be regarded as unrestricted in respect of trademark and brand protection legislation and could thus be used by anyone.

Cover image: www.ingimage.com

Publisher:
Éditions Croix du Salut
is a trademark of
Dodo Books Indian Ocean Ltd. and OmniScriptum S.R.L publishing group

120 High Road, East Finchley, London, N2 9ED, United Kingdom
Str. Armeneasca 28/1, office 1, Chisinau MD-2012, Republic of Moldova, Europe
Printed at: see last page
ISBN: 978-620-6-17029-7

Inspiration

... Au niveau des individus, on assiste à une véritable négation du bon sens. Alors que le colon ou le policier peuvent, à longueur de journée, frapper le colonisé, l'insulter, le faire mettre à genoux, on verra le colonisé sortir son couteau au moindre regard hostile ou agressif d'un autre colonisé. Car la dernière ressource du colonisé est de défendre sa personnalité face à son congénère. Les luttes tribales ne font que perpétrer de vieilles rancunes enfoncées dans les mémoires. En se lançant à muscles perdus dans ces vengeances, le colonisé tente de se persuader que le colonialisme n'existe pas, que tout se passe comme avant, que l'histoire continue. Nous saisissons là en pleine clarté, au niveau des collectivités, ces fameuses conduites d'évitement, comme si la plongée dans ce sang fraternel permettait de ne pas voir l'obstacle de renvoyer à plus tard l'option pourtant inévitable, celle qui débouche sur la lutte armée contre le colonialisme. Autodestruction collective très concrète dans les luttes tribales, telle est donc l'une des voies par où se libère la tension musculaire du colonisé. Tous ces comportements sont des réflexes de mort en face du danger, des conduites suicides qui permettent au colon dont la vie et la domination se trouvent consolidées d'autant, de vérifier par la même occasion que ces hommes ne sont pas raisonnables. Le colonisé réussit également, par l'intermédiaire de la religion, à ne pas tenir compte de colon. Par le fatalisme, toute initiative est enlevée à l'oppresseur, la cause des maux, de la misère, du destin revenant à Dieu. L'individu accepte ainsi la dissolution décidée par Dieu, s'aplatit devant le colon et devant le sort et, par une sorte de rééquilibration intérieure, accède à une sérénité de pierre ...

F. Fanon
Les Damnées de la terre

Existe-t-il « une littérature philosophique (africaine) » ? Hountondji répond par l'affirmative et la définit : l'ensemble des textes écrits par des Africains et qualifiés par leurs auteurs eux-mêmes de « philosophiques »

Initiation philosophique, page 126

Il doit y avoir une interpénétration entre la philosophie et la vie, si bien que la philosophie contribue à la solution des problèmes concrets de la vie sociale et que la réalité actuelle féconde la vision des œuvres philosophiques du passé.

> « Nous devons résoudre nos problèmes philosophiques actuels par un effort d'élucidation de notre actuel rapport au monde. Le monde actuel n'étant plus celui dans lequel ont vécu les ancêtres, leur conception du monde ne saurait être le nôtre. Nous devons parvenir à une appréhension et une expression philosophiques de notre être-dans-le-monde ». M. Towa

Initiation philosophique, page 126-127

La sagesse africaine ancestrale orale doit constituer la pierre angulaire de la pensée africaine moderne écrite. Elle est la seule chose sans doute qui appartienne en propre à l'Afrique. Il s'agit de la valoriser : le rôle du penseur est d'interpréter la tradition à la lumière du présent.

Initiation philosophique, page 127

L'idéalisme et le matérialisme au Zaïre

Table des matières

Avant-propos

Laquelle de deux doit contenir l'autre, la religion ou la philosophie ? Toutes les deux sont des expressions de la pensée à l'instar de la science, la technologie, l'art.

Imaginez un peu que la musique ou la peinture ou la sculpture soit uniquement au service de la religion, que la musique ne consisterait qu'à produire des chansons à chanter à l'église, des chansons rituelles, que la peinture ne serait bonne que pour produire des images de saints, du diable, des anges ou des fresques dans les chapelles, que la sculpture ne serait bonne que pour sculpter des crucifix, des statues de Marie ou de Don Bosco ou de Saint Antoine ou de n'importe quel saint ; la musique, la peinture et la sculpture seraient des esclaves de la religion. Autrement dit, l'art ou la création artistique serait faite pour la religion. C'est tout ce que souhaite la religion. Malheureusement pour elle. Il n'en est pas ainsi. C'est une aberration du Moyen-Age. La Renaissance l'a bien compris.

La musique, la peinture et la sculpture n'ont rien à voir avec la religion. Ce sont des arts libres comme les philosophies, les sciences et les technologies. Ils sont nés avec le monde humain pour exprimer les pensées et les états d'esprit possibles des hommes. La religion étant une expression de la pensée ou de l'état d'esprit de l'homme, les arts ou l'Art peuvent lui porter mains fortes. Il faut être aliéné rendu bête pour croire que les arts comme les philosophies, les sciences et les technologies doivent être des servantes des religions. Il y a beaucoup des religions et des fois. La pensée est libre. Elle n'a pas à porter des œillères. Elle n'est pas synonyme de la religion qui n'est que l'une de ses expressions.

Ce qui est dit plus haut de la musique, la peinture et la sculpture en tant que « art » à l'égards de la religion est de même de la « philosophie ». Malheureusement ici chez-nous en République Démocratique du Congo devenue Zaïre, la philosophie est prisonnière de la religion qui la croit et la veut être son esclave et la servante de la théologie qui cherche à savoir si Jésus Christ est Dieu ou fils de Dieu.

Le mot théologie est sémantiquement l'étude de Dieu. Les théologiens qui ne sont pas des philosophes cherchent à appréhender Dieu et tous ses contours. La philosophie ne cherche pas à appréhender Dieu et tous ses contours. Elle n'est pas une servante ou une aide de la théologie et la religion. Les philosophes ont leurs pieds sur terre contrairement aux théologiens qui ont leurs pieds au ciel pour sauver l'homme.

Tous les philosophes depuis l'Antiquité cherchent une justice égale et une égalité juste entre tous les hommes, toutes les races confondues, le grand Soir. Cela a été la bataille des philosophes du 18ème siècle, siècle de Lumière, siècle de Raison. Ils ont prôné la « république » à la place de la « monarchie ». Aujourd'hui, la Chine est une république grâce à Mao Tsé Toung et la philosophie qui ont fait d'elle en 50 ans la troisième puissance mondiale qui se fait respecter pendant que le Congo a fait la honte avec la zaïrianisation qui a fait de son économie un lambeau et un pays très pauvre aux immenses richesses naturelles.

Le Congo a besoin de philosophie à l'instar de la Chine comme la France avait besoin d'une philosophie au 18ème siècle pour son développement. Mobutu et ses ministres ont rendu visite à Mao. Ce dernier lui a dit que sa toque et son habillement sont différents de celles de ses ministres. Regarde mes ministres et moi, nous avons le même habillement. Ils n'ont pas à m'envier. Il faut une égalité juste et une justice égale pour le développement. Tes ministres t'envient et chercheront à être à ta place. Cela est un handicap au développement.

Le Congo était en 1960 à la tête des pays du Tiers Monde et plus industrialisé que la Chine, le Canada, la Coré, l'Inde et l'Afrique du Sud qui ont aujourd'hui des bombes atomiques et viennent au Congo pour l'exploiter. Il faut bien qu'il les rattrape et devienne une grande puissance comme la Chine. C'est une énigme que seule la philosophie peut résoudre et non la théologie.

Demandez à n'importe quel congolais de la rue ce qu'il pense de la philosophie, il vous répondra que ce sont des « affaires des prêtres ». C'est comme si n'importe quel congolais de la rue disait que la musique, la peinture et la sculpture étaient des affaires des prêtres. Il est vrai que les prêtres étudient la philosophie en la tronquant. Ils le font pour mieux cerner l'ennemi qui les traitent d'opium du peuple. Ils croient qu'ils sont des hommes de Dieu et qu'ils doivent dominer le peuple congolais en se confectionnant une hiérarchie qu'ils croient sacrée. Ils sont devenus des seigneurs. Ils se croient des super-hommes. Le concept hiérarchie signifie sémantiquement commandement des prêtres. Ils créent une classe sociale et se croient à la tête de la société confondant le politique et le religieux. Depuis la création, le religieux est soumis au politique et pas le contraire.

Le philosophe est un homme du peuple. Il prône et combat pour une justice égale et une égalité juste entre tous les hommes. Il doit se faire une Renaissance philosophique au Congo. C'est le préalable à l'énigme congolaise : un pays immensément riche avec une population immensément pauvre. Nos ancêtres avaient une philosophie comme nous le démontre bien le Révérend Père Tempels dans son essai « L'ontologie bantoue » où « ntu » est synonyme de « être ».

Pour nos ancêtres congolais, il y a les « bantu » qui sont les hommes et les « bintu » qui sont les choses. Et tous les ntu sont des forces. Le Créateur étant l'Etre-suprême, Il est la Force-suprême. Cette philosophie de nos ancêtres n'est pas de la religion et n'a rien avoir avec la religion qui la combat. Le congolais étant « muntu » vit à travers sa langue maternelle sa philosophie et sa sagesse ancestrale qu'il doit revoir aujourd'hui et trouver mieux pour être puissant.

Philosophe congolais que je suis par mon diplôme universitaire et mes recherches philosophiques, j'envie beaucoup mes collègues musiciens, peintres et sculpteurs congolais qui sont libres vis-à-vis de la religion et qui font de la musique, de la peinture et de la sculpture pour procurer de la joie à tout congolais devenu zaïrois qui sait goûter l'art.

Je n'ai pas seulement à envier mes collègues artistes congolais ; c'est à moi philosophe congolais de libérer la philosophie congolaise de l'esclavage de la religion ; c'est à moi de la libérer de la cage dans laquelle la retient la religion. Que n'importe quel congolais de la rue sache désormais que la philosophie n'est pas une affaire des prêtres comme elle n'a pas été une affaire des prêtres égyptiens ou grecs ou latins.

Le philosophe, tout comme n'importe quel artiste ou un homme de science ou un homme de technologie n'est pas nécessairement un prêtre, un pape ou un pasteur. La philosophie depuis l'Antiquité n'a rien à voir avec la religion. La philosophie a ses deux pieds sur terre, la religion a ses deux pieds au ciel.

Il arrive que la philosophie comme l'art et la technologie prête de temps à autres ses mains à la religion, et dans le cas de la philosophie, elle se salit très souvent les mains. La justice en tant qu'art ne sait pas résoudre un problème où la sorcellerie est impliquée. La philosophie en tant que sagesse ne sait pas résoudre un problème où le ciel est impliqué. La philosophie et la religion n'ont pas une même vision. A chacun son métier et les vaches seront bien gardées.

La religion aime la philosophie idéaliste et déteste la philosophie matérialiste qui a ses deux pieds sur terre. La dialectique nous apprend que la lutte des contraires est vitale pour l'être. La philosophie est un tout, un ensemble qui comprend l'idéalisme et le matérialisme. Ces deux aspects de la philosophie font sa vitalité. La religion n'est pas juge pour les séparer. Philosophie admirée et bafouée par la religion. Le socialisme est matérialiste. Il a fait de la Chine ce qu'elle est aujourd'hui, une puissance capable de tout.

Moi qui suis philosophe, je ne suis ni prêtre ni pasteur. J'ai choisi la philosophie comme métier. Ce n'est certainement pas pour faire de la religion. Que chante la musique ? Que peint la peinture ? Que sculpte la sculpture ? Ces arts sont tantôt descriptifs tantôt normatifs : une bonne chanson de Kabasele, de Lwambo ou de Niko, un beau tableau d'Amisi, une belle sculpture Lunfwa ou Liyolo, un beau morceau de philosophie de qui ? … C'est pour quand la philosophie professionnelle au Congo devenu Zaïre ? Quand un métier devient professionnel, il devient un art.

Le professionnel aime son métier non pas parce que son métier lui procure de l'argent mais plutôt et surtout parce qu'il procure de la joie à lui et à ses frères. La joie est grande quand elle est partagée. Si la joie ne venait pas de la religion, elle viendrait de la philosophie. Mais laquelle doit contenir l'autre, la religion ou la philosophie ? la philosophie est aujourd'hui au Congo devenu Zaïre prisonnière est esclave de la religion. Elle soufre et je soufre avec elle. Elle est en voie de guérison et je guéris avec elle.

Dans sa guérison, la philosophie congolaise n'a pas à prouver l'existence d'une âme ou d'un dieu comme le croit la religion et quand elle s'y fourvoie, elle ne fait que prêter ses mains ainsi que les prêtent bien la musique pour une chanson à chanter à l'église, la peinture pour une image de saint à coller au mur d'une chapelle et la sculpture pour une statue de saint afin de patronner une église.

La philosophie n'a pas de compte à rendre et n'a rien voir avec la religion. Il arrive à cette dernière de tomber sous la plume descriptive ou normative de la philosophie.

La France a connu sa renaissance grâce sa philosophie. Le Zaïre connaîtra sa renaissance grâce à quelle philosophie ?

La France médiévale dominée par la papauté à travers les croisades, voir Louis IX ou saint Louis qui y a laissé sa vie, s'est affranchie du catholicisme au 16ème siècle ; c'était sa renaissance. Le Zaïre contemporain dominée par la papauté à travers la colonisation, voir monseigneur Lavigerie, s'affranchira-t-elle du catholicisme au 21èmè siècle ? Ce sera alors sa renaissance.

Qu'est-ce qui a favorisé la renaissance de la France, l'a fait sortir des griffes du catholicisme ? Qu'est-ce qui favorisera la renaissance du Zaïre, le fera sortir des griffes du catholicisme ?

Pour la France, c'est au 16èmè siècle que s'est opéré le miracle. La renaissance de la France a été favorisé par :

- La décomposition de la société médiévale
- L'invention de l'imprimerie
- La diffusion en Occident des trésors de l'antiquité grecque venant d'Orient après La prise de Constantinople par les turcs en 1453.
- La guerre d'Italie
- La reforme

Pour le Zaïre, c'est au 21ème siècle que va s'opérer le miracle. Par quoi sera favorisée la renaissance du Zaïre :

- Par quelle décomposition de la société coloniale ?
- Par quelle invention ?
- Par quelle diffusion ?
- Par quelle guerre ?
- Par quelle réforme ?

Au 14ème et 15ème siècle, se décompose progressivement la société médiévale en Occident : déclin de la noblesse féodale, usée par ses propres excès, son amour exagéré de la gloire et de la guerre ; déclin aussi de la puissance de l'église catholique déconsidérée par les schismes, la simonie, etc. l'édifice social et intellectuel du moyen âge s'effrite lentement. Avant la réforme et la renaissance, un malaise s'empare de tous les esprits et marque notamment la littérature qui se dessèche.[1]

En 1450, Gutenberg invente l'imprimerie. Elle se répand en France en 1470 et s'impose au début du 16ème siècle. Elle permet de vulgariser et de fixer les textes au détriment des

---

[1]Jacques Gob, Pages classiques des écrivains français des origines à nos jours, Edition A Deboeck-Bruxelles, p.54

manuscrits qui prennent du temps et sont entachés de fautes à la reproduction. Elle a inauguré une ère nouvelle.

En 1453, c'est la fin de l'Empire byzantin, l'ex-empire romain d'Orient. Les musulmans se sont emparé de Constantinople qui gardait des richesses intellectuelles de la Grèce et de l'Italie. Les savants et les artistes quittent l'Orient pour se réfugier en Occident dominé par la papauté après la fin de l'Empire romain d'Occident en 476. Les français vont découvrir ces richesses intellectuelles de la Grèce et de l'Italie venant de l'Orient.

En 1496, commence la guerre d'Italie contre des envahisseurs, une Italie qui connaissait au 14ème siècle une vive efflorescence intellectuelle (Dante, Pétrarque, Boccace etc). Florence, Ferrare, Milan etc, étaient des foyers d'artistes et des penseurs. Les bibliothèques étaient riches et les villes somptueuses. L'activité humaine avait pour but de jouir mieux d'une vie embellie par l'art et la science. De cette guerre, les compagnons de Charles VIII, de Louis XII et de François Ier ramenèrent d'Italie cet esprit si nouveau, ce culte total de la vie. [2]

En 1541, Calvin, ex-évêque catholique, adhère de bonne heure à la reforme, traduit en français son Institutio christianae religionis qui devient le livre de chevet des huguenots. Ce qui permet au français de conquérir peu à peu les domaines sérieux réservés jusque-là au latin (religion, théologie, morale, philosophie, science)[3]. La reforme a eu une influence favorable au renouvellement des lettres ; beaucoup d'écrivains, s'autorisant de son exemple, s'enhardissent à rejeter les traditions catholiques tyranniques ; les controverses religieuses entre huguenots et catholiques élargissent l'horizon des écrivains et contribuent à répandre l'esprit critique et de libre examen.[4]

Ces événements ont permis à la France de renaître, d'abandonner le latin, la langue de l'église catholique, au profit de la langue française, de se libérer des griffes des catholiques et du moyen âge dominé par le catholicisme pour un culte total de la vie et pour l'idéal de l'homme complet.

Quels évènements vont permettre au Zaïre de renaître, d'abandonner le français, la langue des colonisateurs, au profit de ses quatre langues nationales, de se libérer des griffes des catholiques et de la colonisation dominée par les catholiques pour un culte total de la vie et pour l'idéal de l'homme complet ?

L'histoire de la renaissance de la France est en même temps l'histoire de la philosophie française. L'histoire de la renaissance du Zaïre sera en même temps l'histoire de la philosophie zaïroise.

En 1885, les européens se partagent l'Afrique selon la volonté du Seigneur qui se réserve un beau morceau, a no men's land but a God's land, la cuvette centrale d'Afrique avec sa forêt vierge, ses vastes savanes, ses parcs avec tous les animaux entre autres l'okapi

[2] Jacques Gob, Pages classiques des écrivains français des origines à nos jours, Edition A Deboeck-Bruxelles, p.62

[3] Idem p. 85

[4] Idem p. 62

qui n'est qu'au Zaïre, son fleuve très puissant avec le grand site énergétique d'Inga, sa faune extraordinaire et sa flore luxuriante, son sol et son sous-sol immensément riches, l'Etat Indépendant du Congo, EIC en sigle, qu'Il confie roi des belges Léopold II pour sa gloire et sa souveraineté. C'est un grand beau territoire de 1234500 Km2 digne de Lui ad vitam eternam.

Quatre rois belges, Léopold II, Albert Ier, Léopold III et le beau jeune Baudouin qui a pris le pouvoir à 17 ans, ont pendant 80 ans sagement colonisé avec la collaboration de Vatican l'EIC devenu Congo Belge en 1908. Ils en ont fait un très beau pays avec à la tête un gouverneur de colonie qui dirigeait six provinces divisées en 36 districts et 145 territoires : à l'est le Katanga, le Kivu, la province Orientale, à l'ouest la province de Léopoldville, la province de l'Equateur, et au centre le Kasaï. Ils ont construit des villes : une ville administrative à la tête de chaque province et de quelques districts importants, un centre administratif à la tête des districts et des territoires.

Je suis né en 1948 et j'ai grandi à Kipushi au Katanga alors que mes parents venaient du Kasaï. Kipushi est administrativement un territoire avec à la tête un commissaire de territoire. Je ne sais pas comment j'ai voulu devenir commissaire de territoire alors que j'étais très fort en mathématique, physique, géométrie et toutes les sciences de mémoire. Le français me résistait parce qu'il pèche beaucoup contre la logique. Je suis allé à l'internat au collège Saint Grégoire le Grand à la Karavia à Lubumbashi parce que je voulais devenir commissaire de territoire. On m'avait supplié d'aller faire l'école technique à Ruwe (Mutoshi) à Kolwezi. J'avais refusé. Le latin et le grec ne m'ont pas été faciles avec les Pierson, madame et monsieur. Kipushi était un centre minier de l'Union Minière du Haut Katanga, UMHK en sigle.

Les Belges ont gagné beaucoup d'argent pendant la guerre mondiale de 40-45 en vendant aux alliés le caoutchouc congolais exploité à l'Equateur pour la fabrication des pneus des véhicules, en vendant aux alliés le cuivre congolais exploité par les complexes miniers modernes du Katanga pour la fabrication des balles et en vendant aux Etats-Unis l'uranium exploité à Shinkolobwe au Katanga pour la fabrication de la bombe d'Hiroshima et celle de Nagazaki. L'empereur japonais a eu peur et il a arrêté la guerre malgré ses kamikazes sur lesquels il comptait beaucoup pour détruire tous les porte-avions américains.

Les Belges se sont fait beaucoup d'argent avec la guerre mondiale. La monnaie congolaise était plus forte que toutes les monnaies. Un franc congolais valait 12 francs belges. C'est aussi grâce aux complexes ferroviaires du Katanga et du Bas-Congo par lesquels ces minerais étaient transportés. (Sans un chemin de fer, le Congo ne vaut pas un penny, a dit Henri Morton Stanley).

Les Belges se sont fait beaucoup d'argent en exploitant l'or dans la province Orientale, l'or et le quinquina au Kivu, le diamant au Kasaï. Le diamant de Bakwanga était la couronne de la royauté belge. La zone était militarisée, isolée, interdite à tout commerçant étranger (portugais appelé mputulukeshi, italien appelé ntadiana, juif appelé bayuda). Les commerçants étrangers étaient à Luluabourg (Kananga) à 200 km de Bakwanga qui est resté un village où ne passait aucun rail par mesure de prudence. La mine de diamant et le camp des travailleurs étaient bien clôturés. Accès interdit à tout étranger au travail de diamant.

Les villes et les centres industriels congolais nouvellement créés ont provoqué l'exode rurale. Les villageois y venaient chercher l'emploi. Cela faisait la première population congolaise, un mélange de 354 tribus. Les gens quittaient leurs villages et leurs us pour ces villes et ces centres industriels où le christianisme les attendait pour les évangéliser.

Il faut féliciter les catholiques pour avoir des écoles dans tout le Congo-Belge et surtout pour avoir traduit la Bible en quatre langues coloniales, le lingala et le kikongo qu'ils ont créés, le tshiluba et le swahili qu'ils ont adoptés. Il est écrit que tout homme entendra l'évangile en sa langue. L'africanité de Mgr Malula Joseph est venue achever cette grande œuvre linguistique des catholiques au Congo-Belge mais elle a péché par le fait de n'avoir pas traduit les prénoms chrétiens en langues coloniales. Elle acceptait l'aliénation du congolais par les Belges. Dans Racines, Nkuta Nkite a rejeté son prénom chrétien. Malula n'a pas voulu s'appeler Malula Yozefu. Cela n'a pas arrangé le président Mobutu Joseph qui a tout bonnement supprimé les prénoms chrétiens pour les remplacer par des post-noms en langues coloniales devenues nationales. La guerre ya Bayozefu entre Mobutu et Malula a coûté la vie à Madrandele et à Malula.

Je m'appelle Lukusa Katoka Kazezeze et non Bruno Lukusa. Mon diplôme universitaire de la Kasapa de licencié en philosophie option linguistique porte le nom de Lukusa Katoka. Kazezeze est un sobriquet qui m'a été donné par la grand-mère Masengu, mère de l'ingénieur agronome Kabemba Edouard. C'est le président Kabila Laurent qui est revenu avec le malulisme de prénom français après l'exil de Mobutu au Maroc. Le malulisme n'honorait pas le nationalisme linguistique congolais. Tous les prénoms français doivent être traduits en l'une de nos quatre langues nationales congolaises. Ce n'est pas Banza Kalongo Athanase, c'est plutôt Banza Kalongo Atanaze.

Tout pays qui se respecte a son territoire national, son armée nationale, sa monnaie nationale et sa langue nationale ou ses langues nationales. Ce sont les quatre nationales qui font sa fierté et sa dignité. Il y a quatre langues nationales au Zaïre vu sa grande superficie de 1234500 km^2. Les 354 tribus zaïroises se sont regroupées en quatre tribus linguistiques d'après la cons-titution zaïroise : les bangala au nord-ouest parlent le lingala, les bakongo au sud-ouest parlent le kikongo, les baswahili à l'est parlent le swahili et les baluba au centre parlent le tshiluba. Ce sont quatre langues populaires, scolaires, judiciaires, administratives, prédicatives et cliniques. Un universitaire zaïrois doit connaître les quatre langues nationales.

Un jour, les universités zaïroises enseigneront en ces quatre langues nationales, le lingala, le kikongo, le tshiluba et le swahili. Elles ne sont pas puissantes comme le français et l'anglais qui sont capables d'exprimer la pensée dans tous ses aspects : religieux, philosophique, scientifique, littéraire, artistique, technologique, judiciaire, pédagogique, informatique. C'est pour quoi on recourt à elles. Nos quatre langues nationales doivent aussi devenir puissantes comme le français et l'anglais. En tant que philosophe linguiste je vais résoudre cette énigme pour le bien-être intellectuel de notre pays.

A son indépendance en 1960, le Congo-Belge devenu République Démocratique du Congo, RDC en sigle, était le pays du Tiers monde le plus industrialisé, plus industrialisé que la Chine, la Corée, le Canada, l'Inde, l'Afrique du Sud. Il était admiré de tous les africains. Frantz Fanon qui l'a vu juste avant sa mort a dit : « L'Afrique a la forme d'un revolver dont la gâchette se trouve au Congo ». C'est une prophétie pour dire que le développement de l'Afrique partirait du Congo. Mohamad Kadhafi le pensait aussi. Il était panafricaniste ; son Livre vert le prouve et il a eu des contacts avec Mobutu mais sans issue. Ce développement a été vrai pour la musique moderne africaine qui a commencé avec l'African Jazz de Kabasele Jef, le neveu du cardinal Malula Joseph. Le grand Dibango a joué dans l'African Jazz.

Quant à l'économie de l'Afrique qui devait partir du Congo, le beau travail abattu pendant 80 ans par les quatre rois des Belges (Léopold II, Albert Ier, Léopold III, Baudouin) a été complètement détruit par le deuxième président de la RDC, le président Mobutu. Mais avant lui, lors des troubles de l'indépendance, les Belges qui ont tourné le dos au Seigneur ont projeté de balkaniser le Congo Belge par des cessessions des six provinces pour effacer la trace de tout l'argent qu'ils ont amassé au Congo pendant les deux guerres mondiales de 14-18 et de 40-45. C'est le contentieux belgo-congolais. Les Belges doivent beaucoup d'argent aux Congolais.

Les Belges ont commencé leur projet de balkanisation au Katanga où ils vont créer une haine entre les katangais et les kasaïens puis au Kasaï où ils vont créer une haine entre les baluba et les lulua. Cela n'a pas continué, cela n'a pas plu au Seigneur qui a voulu que le peuple congolais soit un mélange de tribus. Le peuple français est non seulement un mélange de tribus mais aussi des peuples. Le peuple américain est non seulement un mélange des peuples mais aussi des races. C'est la volonté du Seigneur. Il continue à créer. C'est Lui le propriétaire de l'histoire. Il est l'Histoire. L'histoire fait son chemin et ne revient pas en arrière.

En 1963, Mobutu a fait un coup d'Etat militaire. Il a envoyé le premier président de la RDC, le président Kasa-Vubu, en exil dans son village où il est mort malade après quelque temps et il a été enterré là-bas sans aucune cérémonie officielle. Mobutu a attisé la haine entre les katangais et les kasaïens qu'il a fait chasser du Katanga, entre les baluba et les lulua pour bien régner (divide ut imperes).

Mobutu a été voir Mao en Chine. Il a étatisé toutes les industries comme les sociétés qu'il a données aux acquéreurs (frères et amis) ; il a étatisé les écoles, les instituts supérieurs et les universités ; il a mis la main sur la banque nationale ; il a acheté deux châteaux en Europe et la villa Saint Martin en France. Il a construit son domaine de Nsele à Kinshasa et son palais de Kawele en pleine forêt à l'Equateur. Il a zaïrianisé la

RDC qui est devenu le Zaïre. Il a organisé à Nsele à sa gloire des compétitions des troupes d'animations du Mouvement Populaire de la Révolution, MPR en sigle, parti unique (olinga olinga te, oza kaka MPR).

Mobutu a fait un beau discours à l'ONU et des beaux discours nationalistes en lingala mais sa mégalomanie a mené les militaires suivis des civils au pillage des industries, des sociétés, des magasins qui a mis tout le tissu économique en lambaux et conduit le pays à la ruine et à la faillite. La capitale Kinshasa la belle est devenue Kinshasa la poubelle, la capitale la plus sale du monde. Il y a eu rébellion. Son armée a été mise en déroute. Il est parti précipitamment sérieusement malade menacé par les siens de l'aéroport de Bgadolite à l'Equateur au Maroc où il est mort et il a été enterré là-bas quelque temps après sans aucune cérémonie officielle. Sic transit gloria mundi. Fini le Zaïre redevenu République Démocratique du Congo. La gloire appartient au Seigneur le propriétaire de l'Etat Indépendant du Congo, du Congo Belge et de la République Démocratique du Congo

Introduction

Nous avons la pratique de la musique au Congo devenu Zaïre. Nous avons aussi la pratique de la peinture et la pratique de la sculpture. Mais nous n'avons pas la pratique de la philosophie. Pourquoi ?

Notre pays est une société en mutation. Cela signifie que des éléments nouveaux s'ajoutent à son essence, à son être. Observez bien une fille ou un garçon de treize-quatorze ans, quelques éléments nouveaux déjà en puissant en son corps apparaissent, s'ajoutent à son corps, à son être. On nomme ce moment la puberté. Une transformation s'opère et le début d'une maturation physiologique, d'un comportement nouveau. A l'accomplissement de la puberté, la fille et le garçon peuvent alors se reproduire, mettre au monde. C'est ce changement, ce bouleversement que l'on appelle mutation, dans ce sens qu'un élément ou des éléments nouveaux apparaissent, s'ajoutent au corps, à l'être.

La société congolaise devenue zaïroise est un corps en croissance, un corps en mutation. La pratique philosophique est la chose qui vient le mûrir. Ainsi que la puberté déclenche chez le jeune adolescent un comportement nouveau, lui fait prendre conscience de sa finalité et de sa totalité, la pratique philosophique déclenche le même phénomène dans l'être de la société congolaise, lui donne sa maturité essentielle en lui donnant la conscience de finalité et de sa totalité, en lui faisant prendre conscience de sa conscience.

La pratique philosophique qui est le dernier élément du total de l'être de la société congolaise, est un dédoublement de la société, c'est-à-dire une observation par le congolais et une analyse dialectique par le congolais de sa société de tous les éléments qui la composent. C'est une auto-observation, une auto-analyse dialectique de son double.

La pratique philosophique totalise la société ; autrement dit, elle analyse d'une manière scientifique tous les éléments de la société sans omettre de s'analyser soi-même., car faisant partie des éléments et devant toujours être en bon état et en bonne santé.

« Idéalisme et matérialisme au Zaïre » est pratique philosophique : nous avons par ce texte écrit, par ce document écrit, comme l'a toujours souhaité le professeur Hountondji, créer un dialogue par écrit avec mes collègues philosophes. Puisque les paroles s'en volent et que les écrits restent, nous demandons à tout celui qui trouvera à redire à nos propos de prendre la plume et d'écrire et de publier. Les lettres étant notre métier, nous lui répondrons par une publication.

Publier ou publication dans ce cas acquiert son sens vrai et plénier, il signifie prendre le public à témoin, prendre le peuple à témoin. Ce témoignage ne ressemble pas du tout au vulgaire témoignage des tribunaux, il place le témoin lui aussi au sein du procès. Le témoin est spectateur et acteur ; il est concerné et son problème que l'on cherche à résoudre. Voici un exemple : deux peintres vous présent chacun à son tour un tableau. Vous appréciez et vous achetez celui qui vous plait. Vous avez défini par cet achat le meilleur tableau avec lequel vous irez orner votre maison. Par la même occasion, vous avez défini le meilleur peintre, et au cas où la majorité des Zaïrois apprécient les œuvres du peintre qui vous a vendu son tableau, ensemble en public témoin et en peuple zaïrois, vous n'hésiterait pas à le consacrer représentant de la peinture zaïroise. C'est ainsi que les Italiens sont fiers de Michel Ange, de Léonard de Vinci et d'autres.

Nous publions parce que le public ou le peuple est témoin, parce qu'il est concerné, parce qu'il besoin d'artistes, des savants, de philosophes. Il avait besoin des prophètes dans l'Ancien Testament et des Evangélistes dans le Nouveau Testament. Il n'a pas besoin des théologiens. Ce sont l'argent et la théologie qui sont à la base de la multiplication des religions aidés par le diable. Le public ou le peuple congolais devenu zaïrois a besoin d'artistes, des savants et des philosophes. Ce sont là les piliers de sa santé physique et morale, ce sont là les organes de son corps. Il faut classer parmi les arts tous les métiers qui exigent une grande dextérité comme le droit et la médecine.

Tous les congolais devenus zaïrois ensemble forment un peuple et sont tous concernés au même titre. Nous sommes d'abord et avant tout congolais : l'ingénieur n'est pas plus congolais que le mécanicien, l'électricien ou le maçon ; le médecin n'est pas plus congolais que l'infirmier ; le Général n'est pas plus congolais que l'adjudant ou le caporal ; le professeur n'est pas plus congolais que l'instituteur et le moniteur ; le président n'est pas plus congolais que le ministre et le fonctionnaire. Les congolais sont tous égaux, frères et hommes libres. Ils ont besoin tous d'une justice égale et d'une égalité justice.

La philosophie demande au peuple son témoignage et lui donne par cette voie libérale un esprit critique. La philosophie n'est pas une intoxication à la manière de la théologie qui ne demande aucun témoignage au public et qui annihile par une spéculation sophiste. Celle-ci est un poids pour l'homme, un effort de connaissance obscur. La philosophie forme le jugement et nous évite plusieurs maladies mentales. Il ne s'agit plu de donner du poisson à quelqu'un mais plutôt lui apprendre à pêcher. C'est Prométhée qui s'est emparé du feu et Sisyphe qui continue à rouler le rocher au sommet de la montagne pour défier les dieux. La philosophie est dans le peuple et non en-dehors du peuple.

Le philosophe doit se critiquer lui-même parce qu'il n'est pas parfait, parce qu'il est en progrès, parce qu'il est dans l'histoire, l'espace et le temps. Il doit honnêtement reconnaître ses défauts et ses qualités et ne doit pas être aliéné par une fausse connaissance obscure. Les aliénés souffrent. Ce n'est pour rien que certains ont demandé de se marier.

Avec « Idéalisme et matérialisme au Zaïre », le peuple congolais doit faire son acte d'honnêteté et cesser de se plaire dans un narcissisme imbécile. Tout congolais doit individuellement acquérir l'esprit critique car personne n'est parfaite et fournir un effort de progrès intellectuel pour se libérer du narcissisme dont souffrent la caste des religieux. Les narcisses passent le temps à longueur de journée à s'admirer. Ils n'ont pas besoin de se parfaire et de progresser. Ils se croient parfaits. Des telles gens qui s'admirent et qui veulent être admirées ou se font admirer freinent le peuple, freinent le progrès du peuple. Ces gens adorent leurs défauts, aiment la flatterie, aiment qu'on les flatte. Ces gens n'ont aucun esprit critique. Pour elles, il n'y a pas de « pour et contre » dans leur façon d'être, il n'y a que de pour ou il n'y a que de contre qui les rendent malhonnêtes.

Réfléchissons un peu ! Du moment où la philosophie qui est l'esprit critique et autocritique d'un peuple, qui est le rénovateur de l'esprit d'honnêteté dans ce peuple, nous est enseignée d'une façon malhonnête, nous apprenons donc une philosophie dépourvue d'esprit critique, une philosophie malhonnête qui nous rend malhonnêtes et nous empêche de progresser.

« Idéalisme et matérialisme au Zaïre » cherche à démontrer en quoi consiste cette malhonnêteté. Pourquoi éprouvons-nous encore au Congo une difficulté, une incapacité à définir le mot philosophie ? Parce que la philosophie que l'on nous enseigne aux Humanités et à l'Université est tronquée. On nous rabâche les oreilles avec la théologie au lieu de nous enseigner la philosophie. C'est triste…

Ceux-là-mêmes qui prétendent nous enseigner la philosophie, ont peur de nous parler ouvertement et de nous définir clairement l'idéalisme et le matérialisme. Parce qu'ils sont idéalistes et qu'ils ont peur de le dire, ils font tout pour salir le matérialisme afin de protéger leurs intérêts ; d'après eux, c'est dans l'anarchie qu'ils créent qu'ils pensent et doivent profiter. Ils oublient qu'avant d'être une doctrine, le matérialisme est d'abord une connaissance. Ils refusent de le reconnaître comme tel parce qu'elle est capable de nous donner l'esprit critique, l'ennemi numéro un de la foi parce qu'il conduit à l'athéisme.

C'est à moi philosophe de choisir entre l'idéalisme et le matérialisme parce que possédant l'esprit critique et non à un idéaliste de choisir pour moi et de m'imposer d'une manière camouflée et malhonnête l'idéalisme, me privant ainsi de l'esprit critique pour me soumettre à une vision et m'aliéner en me mettant des œillères aux yeux, me rendre un aveugle intellectuel et me conduire où ils veulent à leur guise. Voilà comment ils étouffent l'esprit critique des finalistes des Humanités.

Il n'y a pas que la doctrine idéaliste de Platon et de d'Aristote, il y a aussi la doctrine matérialiste de Zénon et d'Epicure. L'enseignement philosophique doit laisser aux enseignés le choix d'être disciples de l'idéalisme ou du matérialisme. Evitons de mettre des œillères aux enseignés, c'est détruire leur conscience qui est le siège de l'esprit critique. Le choix est un droit sacré. Socrate a dit « Connais-toi toi-même », la vérité est en toi. Il a combattu les sophistes qui croient posséder la vérité et étouffent l'esprit critique de l'autre.

Les calotins, idéalistes qu'ils sont, ne veulent pas parler du matérialisme aux finalistes d'Humanités et s'ils en parlent c'est avec méchanceté. Ils ont une peur bleue du communisme, du socialisme et du marxisme qui en découlent. Matérialisme qui date depuis l'Antiquité avec Epicure. Ils nous jouent une blague, alors une sale blague, en nous enseignant la théologie à travers la philosophie du point de vue de la forme et la philosophie à travers la théologie du point de vue du fond.

La vérité est qu'il n'y a aucune commune mesure entre la philosophie et la théologie car si le but de la théologie est de défendre un idéalisme, celui de la philosophie n'est pas en tout cas de défendre un idéalisme. La philosophie est jugement critique et autocritique à travers l'ontologie (l'étude de la conception et de la création de l'être), la logique (l'études de la cohésion et la cohérence de l'être), l'éthique (l'étude de la communion et la perfection de l'être), l'épistémologie (l'étude de la connaissance et de la puissance de l'être).

Les calotins se font passer au Congo devenu Zaïre détenteurs de la philosophie. Ils ont confectionné pour les finalistes d'Humanités un manuel de philosophie où ils dénigrent le matérialisme en le confondant avec l'athéisme pour éviter aux finalistes des Humanistes de perdre la foi.

Idéalisme et matérialisme au Zaïre ouvre une nouvelle ère en matière de philosophie zaïroise. Il dévoile le monde idéaliste noir dans lequel le Zaïrois souffre étranglé par la corruption, la spéculation et la prostitution.

C'est quoi l'idéalisme noir ? C'est quoi l'idéalisme catholique ? Voilà deux conceptions philosophiques aux prises au Congo devenu Zaïre. Le combat est encore aujourd'hui sans issue au détriment de la personne humaine parce que l'homme zaïrois est esclave et au service de deux idées qui se battent à mort alors qu'elles doivent être plutôt esclaves et au service de l'homme.

L'IC, idéalisme catholique en sigle, qui a une peur bleue du matérialisme se voit malheureusement obligé de flirter l'IN, idéalisme noir en sigle pour l'empêcher de se transformer en matérialisme auquel il est voué. Où est le salut dans tout ça ? L'IN doit disparaître et avec lui l'IC qui le soutient contre le matérialisme qui est la voie obligée du savoir et de l'esprit scientifique.

En effet, le Congo devenu Zaïre a grandement besoin d'un savoir scientifique et technologique. Ce n'est cependant pas la chose que l'on enseigne sur le banc de l'école au Congo devenu Zaïre.

Les calotins à travers l'idéalisme catholique croient et se servent de la philosophie pour apporter et affermir la foi. C'est une aberration démoniaque. La philosophie cherche une justice égale et une égalité juste pour/entre tous les hommes, toutes les races confondues. Les philosophes rationalistes du 18ème siècle, siècle de Raison, siècle de Lumière, ont créé la république en tuant le roi Louis XVI et la monarchie pour l'égalité, la fraternité et la liberté pour/entre les citoyens.

Les calotins ont traité d'athées ces philosophes rationalistes du 18ème siècle pour tous les biens matériel, social et spirituel qu'ils ont apportés à l'humanité et particulièrement à la France devenue une république. En parlant de liberté, le philosophe Jean Paul Sartre, Prix Nobel, continue les philosophes du 18ème siècle, siècle de Raison, siècle Lumière. Il a donné un contenu au concept liberté en distinguant un en-soi d'un pour-soi. L'homme est un pour-soi et un sujet, la science ne peut pas l'analyser mais elle peut analyser les en-soi en tant qu'objet.

L'athéisme ne vient pas du 18ème siècle. C'est une philosophie qui commence dans l'Antiquité avec le philosophe grec Epicure qui s'en est pris avec raison aux dieux grecs qu'il connaissait et non à Yahvé qu'il ne connaissait pas. Où sont aujourd'hui ces dieux grecs qu'Epicure a combattus dans son épicurisme ? Il avait raison de les combattre. Saint Paul a classé Yahvé parmi les dieux grecs à l'agora en Le faisant « le dieu grec inconnu » avec l'idée de gagner la foi des grecs au christianisme.

Yahvé n'est pas le dieu grec inconnu et Yahvé n'est pas à classer parmi les dieux grecs ou les dieux des autres nations. Yahvé est un Singleton. Il est un Ensemble à un seul Elément. La mathématique nous clarifie très bien le premier commandement du Décalogue qui nous dit que Yahvé n'est ni comparable à qui que ce soit ni représentable par quoi que ce soit. L'Elément Yahvé qui est Singleton n'est pas dans l'ensemble des dieux toutes les nations confondues. Yahvé est l'Energie Créatrice de l'univers. Elle est unique, à croire les physiciens. Elle est singleton.

Toutes les panoplies des dieux des nations à l'instar des panthéons (égyptien, grec, romain) sont mythologiques. Ce sont des mythes et légendes propre à un peuple, à une civilisation ou à une religion. Les grands dieux comme Râ, Zeus, Jupiter, ont connu des sanctuaires. Où sont passés ces dieux et où sont passés ces sanctuaires ? Les grecs disent « panta rei kai ouden menei » qui signifie « tout passe rien ne reste ». Le mot ou concept dieu provient sémantiquement du mot grec Zeus et de sa transformation en latin Deus du fait que le latin ne connaît pas le son Z qu'il transforme en D. Les romains vainqueurs des grecs ont été colonisés par les grecs et ont imité la civilisation grecque qu'ils admiraient. Le mot Rome provient du mot grec « romè » qui signifie force. En adoptant le christianisme, les grecs ont fait de Yahvé un théos, les romains ont fait de Yahvé un deus et les français colonisés par les romains ont fait de Yahvé un dieu.

Les dieux mythiques ou mythologiques sont passés. Yahvé, l'Etre-Suprême, le Créateur de l'univers, n'est pas mythique ou mythologique. Il est réel et éternel. Il est la Réalité-Suprême. Il n'est pas à comparer aux dieux qui sont morts. L'homme évolué ne les reconnaît plus. Yahvé s'est révélé à une seule nation, Israël, tandis que Satan s'est révélé à toutes les nations sous forme ou en tant que dieu sous des noms différents, les noms des dieux. Il n'y a pas plusieurs Satans. Il n'y a qu'un seul Satan qui oppose les nations, les pousse à la haine et à la guerre, les divise et les arbitre comme au catch où le vainqueur est celui qui a démoli son adversaire et s'en réjouit et se glorifie.

L'homme du 21ème siècle, du 3ème millénaire et de l'ère du Verseau qui a trouvé que Yahvé n'est pas un dieu ou un Dieu, un être mythique ou mythologique demande à ce qu'on supprime de la Bible le concept Dieu pour ne pas faire de la Bible un mythe ou une mythologie. Le terme Dieu dans la Bible doit être remplacé par les termes Créateur, Etre-Suprême, Père Céleste et Seigneur du fait qu'il n'y a qu'un seul Créateur de l'univers comme nous le démontrent la mathématique et la physique. Le Seigneur, l'Etre-Suprême, le Père Céleste, Yahvé, est un Singleton. Il est l'Energie conceptrice et créatrice de l'univers. Une Bible mythologique est une aberration. Le Seigneur n'est ni imaginaire ni légendaire. Il s'est révélé à l'homme. La Révélation exclut la mythologie qui n'a pas de place au 21ème siècle.

Chapitre 1 : le cachot de l'idéalisme de Platon et d'Aristote

> « Qu'il lui fasse tout passer par l'étamine et ne loge rien dans sa tête par simple autorité et à crédit – Les principes d'Aristote ne lui soient principes, non plus ceux des stoïciens ou épicuriens ; qu'on lui propose cette diversité de jugements, il choisira s'il peut, sinon il en demeurera en doute
>
> ……………………….
>
> Certes, nous le rendons servile et couard, pour ne lui laisser la liberté de rien faire de soi. Qui ne demanda jamais à son disciple ce qu'il lui semble de la rhétorique et de la grammaire, de telle ou telle sentence de Cicéron ? On nous les plaque en la mémoire toutes empennées, comme des oracles, où les lettres et les syllabes sont de la substance de la chose.[5]»

1. La malhonnêteté dans l'enseignement de la philosophie au Zaïre, réponse aux Journées philosophiques tenues à Kiswishi du 1er au 4 juin 1973

C'est triste ! Le jour où je me suis rendu compte que ma formation en philosophie était tronquée, j'avais des larmes aux yeux, des larmes de douleur et de joie. J'avais cru tout connaître de la philosophie en quittant le banc de l'université, mais c'est avec amertume que j'ai découvert que cette philosophie que l'on m'a inculquée n'était qu'une philosophie tendancieuse, une philosophie idéaliste, une spéculation pure et simple de l'esprit catholique.

Du fait que j'ai été étudiant en philosophie, l'on devait tout m'apprendre à propos des connaissances humaines, mais à ma grande surprise, j'ai découvert après mes études qu'il existe deux littératures, l'une de gauche et l'autre de droite, l'on m'a bourré la cervelle avec celle de droite. Tout mon cerveau était imbibé d'une littérature idéaliste. Pour le commun des zaïrois, les calotins avaient mis à l'index toute la littérature matérialiste parce que l'université Lovanium où j'ai étudié la philosophie, était catholique.

Je suis de la troisième génération des philosophes à l'université Lovanium en 1971. Tous mes collègues de promotion venaient des petits séminaires catholiques et moi je venais des Humanités gréco-latines. Mon idéal était de devenir un philosophe mathématicien et j'ai commencé par la philosophie. Mes collègues de promotion faisaient la philosophie pour devenir prêtres catholiques mais moi je faisais la philosophie pour être philosophe comme les grands philosophes de l'Antiquité, des Temps Modernes et des Temps Contemporains qui sont philosophes et mathématiciens. J'ai ainsi choisi le métier de philosophe.

---

[5] Montaigne, Livre 1, chapitre XXV, De l'institution des enfants

Si mes maîtres voulaient faire de moi un philosophe au vrai sens du mot, c'est-à-dire quelqu'un qui connaît tout à propos de la vie de l'homme, quelqu'un qui aime une justice égale et une égalité juste pour tous les hommes, toutes races confondues, mes maîtres, disais-je, ne devaient rien me cacher.

Mes maîtres m'ont délibérément caché une tendance de la philosophie, m'ayant livré insidieusement à une instruction qui détruisait insidieusement mon talent et tout mon génie créateur en philosophie, m'ayant livré à une philosophie qui faisait de moi l'agent de ma propre destruction. Ils m'ont donné une arme avec laquelle je me détruisais moi-même. Du vrai roman policier : la victime est son propre assassin et son propre policier.

La victime se tue avec une arme qu'on lui a glissé dans les mains et se suicide sans le savoir. Il s'agit d'une mort philosophique. La victime a soi-disant appris la philosophie mais elle n'en voit pas les tenants et les aboutissants. On lui a fait accepter, comme un papa fait accepter la coutume à son enfant qui s'en habitue, que la philosophie est une spéculation qui n'a pas les deux pieds sur terre. Pourquoi les calotins l'embrassent-ils ? Pour l'étouffer au profit de la théologie dont ils croient qu'elle est la servante. On sait ce qu'a produit les controverses théologiques : des milliers d'hérésies et des milliers des christianismes qui respirent l'apostasie.

On lui fait accepter à la victime que le philosophe, c'est Socrate qui a lutté contre les sophistes avec son « connais-toi-même» et sa maïeutique et que la religion grecque et ses prêtres ont fait boire la cigüe soi-disant qu'il corrompait la jeunesse avec sa philosophie qui libère l'homme des tabous, des puissants, des dieux et de la tutelle religieuse, que la philosophie c'est Platon avec son mythe de la caverne qui fait croire que les êtres dans leur multitude sont des images d'un être parfait ou idéal auxquels ils ressemblent, que le philosophe c'est Aristote avec son réalisme qui contredit son maître Platon parce que pour lui les êtres ne sont pas des images des êtres mythiques de nature parfaite ou idéale, que les êtres se développent ou subissent naturellement des mutations, que le philosophe c'est Descartes avec son (cogito ergo sum) qui mettrait fin au doute soi-disant que le doute qui doute de tout ne peut pas douter de lui-même et qui mettrait fin au scepticisme et au nihilisme de certains prétendus philosophes qui ne sont que des sophistes.

On lit à la page 51 du manuel scolaire de philosophie des finalistes des Humanités, manuel écrit par Jules Dubois et Luc Van den Wijngaert, que « l'originalité du Descartes consiste dans le fait qu'il inaugure une réflexion indépendante de la foi. La philosophie retrouve une certaine autonomie »

…

« Descartes a libéré la pensée d'un certain dogmatisme (scolastique catholique), en particulier la conception médiévale de l'infaillibilité d'Aristote. L'adage « Aristote l'a dit » n'est plus désormais sans réplique ». L'empereur Justinien (527-565) qui a combattu le paganisme (ensemble de toutes les religions ancestrales, toutes les nations confondues) au profit du christianisme, a fermé l'Académie fondée huit siècle auparavant par Platon.

On lit ceci à la page 52 du manuel scolaire de philosophie des finalistes des Humanités, manuel écrit par Jules Dubois et Luc Van den Wijngaert : « En réalité, la philosophie de Descartes est d'une extraordinaire complexité, et sa richesse telle qu'on peut y peut découvrir la source de toute la philosophie moderne ».

C'est bien de dire qu'avec Descartes la philosophie retrouve une certaine autonomie, que Descartes a libéré la pensée d'un certain dogmatisme (de l'église catholique), que Descartes a mis fin à l'infaillibilité d'Aristote, que l'on peut découvrir la source de la philosophie moderne.

Cette façon de voir Descartes fait de lui un cachot philosophique où les finalistes des Humanités y trouvent une mort philosophique au profit du dogmatisme catholique. C'est une malhonnêteté intellectuelle. C'est tuer un peuple en le ramenant au Moyen-Age et à la philosophie scolastique.

Le pape Jean-Paul II a demandé au lendemain du troisième millénaire pardon pour tout le mal commis par l'église catholique. En voici un qu'il faut corriger : le congolais croit mordicus que la philosophie est une affaire des catholiques à cause du très mauvais enseignement de la philosophie aux Humanités et dans les universités catholiques où elle est tronquée au profit de la scolastique. La Sorbonne dans ses débuts avait été créée pour enseigner la théologie et non la philosophie de l'Antiquité et surtout pas le matérialisme dont les œuvres sont mises à l'index pour ne pas ébranler la foi des fidèles catholiques.

Après avoir parlé de Descartes qui est un philosophe du 17ème siècle, Jules Dubois et Luc Van den Wijngaert passent à un chapitre qui parlent des philosophes existentialistes du 20ème siècle. Ils refusent sciemment de parler de la philosophie aux 15ème, 16ème, 18ème et 19ème siècles.

La philosophie en France a une histoire qui démontre et prouve sa puissance car la fin de la monarchie et l'événement de la république en France est l'œuvre de la philosophie. C'est la philosophie qui a créé la république française. C'est la philosophie qui a créé la république chinoise et en a fait en 50 ans une superpuissance en tout point de vue. Mao Tsé Toung n'est ni un catholique ni un bouddhiste. Il a pu donner la paix et la joie aux chinois dans le sens de bien matériel, bien social et bien spirituel.

Quelle est l'histoire de la philosophie en France du 15èmè au 19ème siècle ?

- En 1453, il y a prise de Constantinople par les turcs et diffusion en Occident des trésors de l'Antiquité à l'exception du philosophe grec Aristote qui a été adopté par l'église catholique et qui a exercé jusqu'au 17ème siècle une véritable tyrannie en philosophie. L'église catholique dont le vrai premier pape est Simplice (468-483), est née au Moyen-Age en 482 à la suite d'un schisme entre l'Occident représenté par le christianisme romain et l'Orient représenté par le christianisme byzantin. Elle ne voulait pas du grec qui était la langue de l'église orthodoxe sa rivale : « graecum est non legitur » disait-on. L'Antiquité latine mieux connue est mal comprise par elle. Virgile par exemple est considéré comme un prophète du christianisme[6].

- La fin de la persécution des chrétiens en 313 par l'empereur Constantin, la fin de la liturgie grecque à Rome en 366 par la traduction de la Bible (Vulgate) par Saint Jérôme, la fin du paganisme romain (religion romaine ancestrale) en 380 par l'empereur Théodose et le schisme entre le christianisme byzantin d'Orient et le christianisme romain d'Occident en 482 sont à la base de la naissance de l'église catholique et de l'église orthodoxe.
- Le Moyen-Age qui a commencé en 476 avec la chute de l'empire romain d'Occident et qui a fini en 1453 avec la chute de l'empire byzantin d'Orient, est une longue nuit culturelle et intellectuelle qui sépare l'Antiquité des Temps Modernes au profit de la philosophie scolastique catholique et de la théologie catholique qui luttaient contre les hérésies et les doctrines philosophiques rationalistes pour assoir la foi et la doctrine chrétienne. L'église catholique devenue persécutant avec le temps et l'Inquisition a échoué son ambition en Occident à cause de la Renaissance de l'Antiquité grecque et latine en 1453 au profit de la raison, la philosophie, la science, l'art et l'humanisme.
- L'astronome Copernic (1473-1543) est tué suite à l'Inquisition par l'église catholique pour avoir dit que la terre n'est pas le centre de l'univers.
- François Ier (1515-1547) renforce la monarchie et favorise la Renaissance de l'Antiquité. Il protège les savants, les lettres, les artistes. Il attire en France Léonard de Vinci, Benvenuto Cellini, le Primatice. Il collectionne les chefs d'œuvres de l'art italien. Il soutient les humanistes contre l'hostilité des universités catholiques qui voyaient dans l'étude de l'Antiquité un danger pour la foi[7].
- En 1529, François Ier (1515-1547) fonde le collège pour l'enseignement du grec, du latin et de l'hébreux avec l'idéal de l'homme complet.
- Vers 1535, les querelles entre les huguenots calvinistes et les catholiques s'enveniment. Calvin installé à Genève fulmine contre le papisme et François Ier. D'abord humaniste, il adhère de bonne heure à la reforme de Luther qui ne voulait pas des indulgences et dont les disciples étaient hostiles à la Renaissance de l'Antiquité où ils voyaient un retour au paganisme grec et latin (ensemble des toutes les religions ancestrales grecques et latines). Il voulait au contraire ramener le monde à un christianisme plus strict[8].
- En 1535, traduction protestante de la Bible en français par Olivétan

[6] Jules Dubois et Luc Van den Wijngaert Initiation philosophique, CRP, page 33

Jules Dubois et Luc Van den Wijngaert Initiation philosophique, CRP, page 33

[8] Jacques Gob, Pages classiques des écrivains français des origines à nos jours, Edition A Deboeck-Bruxelles, page 62

- De 1535-1550, au milieu du tumulte et des passions déchaînées, Rabelais répond sous une forme accessible à toutes les idées nouvelles : amour de l'Antiquité, humanisme, culte total de la vie, soif du savoir, tolérance.
  A l'ascétisme du moyen âge, au rigorisme dont celui-ci enveloppait les âmes et les corps, il oppose l'idéal de la Renaissance : amour du beau physique, de la science, et culte de la vie, sous toutes ses formes. Il croit qu'il faut suivre la Nature[9]
- En 1539, l'ordonnance royale de Villers-Cotterêts prescrit l'usage de la langue française dans tous les documents judicaires
- En 1541, Jean Calvin traduit son Instituto christianae religionis en roman. Cette traduction en roman a été capitale dans l'histoire du roman (langue française) qui allait conquérir peu à peu des domaines sérieux jusque-là en latin (religion, théologie, morale, philosophie, science). Il sera dès le début et la langue du culte et de l'enseignement chez les huguenots (protestants français), tandis que l'église catholique restera fidèle au latin.
  D'autre part, beaucoup d'écrivains, s'autorisant à son exemple, s'enhardirent à rejeter les traditions tyranniques du Moyen-Age ; les controverses religieuses entre les huguenots et catholiques ont élargi l'horizon des écrivains et ont contribué à répandre l'esprit critique et le libre examen.[10]
- En 1580, Montaigne (1533-1592), écrivain français, écrit les Essais, une œuvre philosophique. Il prône la raison, éclairée par la sagesse antique, et l'étude morale de l'homme. Goût de l'ordre, de la raison (ou du vrai), amour de l'antiquité : on s'achemine vers le XVIIe s.
  Au fil de ses lectures, il note ses réflexions et ses réactions, ainsi se sont faits les Essais. Il s'y peint lui-même mais à travers les contradictions de sa propre nature, il découvre les impuissances de l'homme à travers la vérité et la justice. Le voyage qu'il accomplit en Europe en 1580-1581 et dont il laisse un journal ne fait que lui confirmer la relativité des choses humaines.
  Il juge que l'art de vivre doit se fonder sur une sagesse prudente inspirée par le bon sens et la tolérance. L'esprit humain selon lui est bien faible et Montaigne se complait à en décrire les incohérences et les contradictions. On peut douter de tout. « Que sais-je ? » soupire notre philosophe qui en 1576 fit graver cette devise sur une médaille portant l'image d'une balance en équilibre, symbole d'un esprit qui se refuse à juger. Mais ce pyrrhonisme n'est pas absolu.
  Le sage se fiera à sa raison dans les limites où elle est valable. Il méditera la leçon des grands esprits de l'Antiquité. Il s'affranchira des passions, ne craindra pas la mort, jouira paisiblement de la vie et fuira honnêtement la douleur. Il gardera prudemment les croyances religieuses traditionnelles et respectera les lois établies. D'ailleurs ce conservatisme politique et religieux n'empêche pas Montaigne de formuler les critiques des principes fort en avance sur son temps :

[9] Jacques Gob, Pages classiques des écrivains français des origines à nos jours, Edition A Deboeck-Bruxelles, p . 70
[10] Idem p.85

défense de la tolérance religieuse, idéal pédagogique nouveau, condamnation du traitement effroyable infligé aux indigènes du Nouveau Monde, de la cruauté et de l'usage judiciaire de la torture.

En conclusion, la vie vaut la peine d'être vécue : la nature et bonne du reste selon Montaigne dont le naturalisme rappelle ici celui de Rabelais. C'est là un mélange d'idées épicuriennes et stoïciennes teintées de scepticisme.

Les idées pédagogiques de Montaigne sont très différentes de celles de Rabelais. Il proscrit l'érudition, il veut non des têtes bien pleines mais des têtes bien faites. Il ne faut que former le jugement par la lecture, le commerce du monde, les voyages.[11]

En 1546, suite à l'intolérance qui était grande chez les huguenots et les catholiques, Etienne Dolet, humaniste et imprimeur, condamné par la Sorbonne et le Parlement, est brûlé à Paris pour athéisme.

- En 1553, le médecin et théologien Michel Servet, qui niait le dogme de la Trinité et la divinité de Jésus Christ, se réfugie à Genève pour échapper à l'Inquisition mais ayant attaqué l'Institutio christianae religionis de Calvin, il est brûlé.
- Galilée (1564-1642), astronome italien, n'échappe à l'Inquisition. Il est arrêté et tué par l'église catholique pour avoir dit que la terre tourne autour du soleil et non le contraire.
- En 1572, les guerres religieuses entre huguenots et catholiques provoquées par le calvinisme hostile à la Renaissance de l'Antiquité et à l'humanisme, culminent avec le massacre de Saint Barthélemy, ruinent le pays et affaiblissent l'autorité royale. L'humanisme et les pensées sont en péril. Les poursuites sont autorisées. En 1598, l'Edit de Nantes : Henri IV assure la liberté de culte aux protestants.
- 1599, Malherbe publie un beau poème, Consolation à Duperiez, après avoir rompu avec la poésie savante de la Pléiade et avoir imposé comme poète de la cour et chef d'école, un idéal de clarté et rigueur qui est à l'origine du goût classique, c'est la reforme de Malherbe.

  Il a été certes un grammairien sévère et ses ennemis ne se firent pas de l'en railler ; mais il a été aussi un artiste probe et fier. Certains de ses stances sont parfaites : certes le sentiment cède à la raison mais leurs qualités, l'ordre, la clarté, l'art de la réforme, la sonorité du rythme seront celles que Boileau prônera à son tour. Les idées de Malherbe ont été interceptées par la préciosité et le burlesque. La langue de Malherbe est celle du Port aux foins, la langue populaire.[12]
- En 1610-1645, il y a des transformations sociales, l'élite aristocratique réagit contre la grossièreté et la violence des mœurs, héritage des guerres civiles. Il y a naissance des salons littéraires dont le premier et le plus célèbre fut celui de la marquise de Rambouillet qui fut chaste, dit-on, pour les mœurs trop gaillardes de la Cour d'Henri IV (1589-1610) et elle prit l'habitude de recevoir chez elle la

---

[11] Jacques Gob, Pages classiques des écrivains français des origines à nos jours, Edition A Deboeck-Bruxelles, pp. 95,96

[12] Idem p. 109

haute société. Il se réunissait chez elle les beaux esprits du temps, gentilshommes et écrivains. Chacun y cherchait avant un divertissement intellectuel, le plaisir d'une conversation élégante, d'une galanterie platonique et spirituelle, les débats passionnés mais courtois à propos d'œuvres littéraires et de questions morales, chacun devait faire preuve d'esprit et se soumettre à des convenances précises qui ne seront plu des vastes querelles philosophiques et politiques.
Cette société mondaine ignore en général la nature. Ainsi se constitue peu à peu une des caractéristiques du classicisme : l'étude exclusive de l'homme, des points de vue psychologique et moral. Mais en même temps naît d'abord cette distinction suprême, cette finesse d'esprit et de langage, et cette imagination fantaisiste que rechercheront les mondains, souvent avec exagération.[13]

- En 1618-1648, éclate la guerre de trente ans, grand conflit qui a ravagé l'Europe et surtout le Saint Empire. Elle a eu pour causes essentielles l'antagonisme des protestants et des catholiques et les inquiétudes nées en Europe des ambitions de la maison d'Autriche.
  Après avoir soutenu secrètement les adversaires de la maison d'Autriche, Richelieu intervient directement contre elle. Les victoires de Rocroi (1643) puis de Lens (1648) amènent le Habsbourg à signer le traité de Westphalie. L'Allemagne sortit ruinée et dévastée de ces trente années de guerres.
- En 1624, Louis XIII (1610-1643), appuyé par Richelieu élimine le danger protestant d'Etat dans l'Etat, abaisse les oligarchies féodales, développe l'absolutisme et la centralisation monarchique, crée le premier empire colonial, le Canada.
- Vers 1630-1635, le jansénisme se propage très vite en France. Son foyer principal est une abbaye de religieuses, voisine de Paris, Port Royal des Champs.
  Jansen (1585-1638), nom latinisé en Jansénius, évêque d'Apres, soutenait que l'homme, corrompu par le péché originel, ne peut faire son salut, et qu'il est voué à la damnation ou au salut, selon qu'il a ou qu'il n'a pas la grâce ; la liberté humaine serait une restriction de la souveraineté. Dieu choisit ses élus. L'homme doit donc espérer être digne de cette grâce, par une vie toute de renoncement et de piété.
  Cette thèse rationaliste était opposée à la doctrine ordinaire de l'église catholique, professée notamment par les jésuites : dieu accorde à chacun une grâce suffisante, il dépend de l'homme de la rendre efficace par ses prières et ses actes pieux.
  La lutte fut très chaude. L'autorité civile et religieuse, inquiète de ce schisme naissant, ont pris par contre Port Royal. [14]
- En 1634, naît l'Académie française d'un groupement d'écrivains qui avaient l'habitude de se réunir chaque semaine : Richelieu leur offrit le patronage royal.
  La mission de l'Académie a été nettement déterminée par Richelieu. Elle devait fixer la langue et la norme littéraire en rédigeant un dictionnaire, une grammaire,

---

[13] Jacques Gob, Pages classiques des écrivains français des origines à nos jours, Edition A Deboeck-Bruxelles, p. 110
[14] Idem p.162

une poétique et une rhétorique. Les deux dernières n'ont jamais été composées. Quant à la grammaire, l'Académie l'a publiée en 1932. Le dictionnaire parut en 1694. Les éditions suivantes datent de 1718, 1740, 1762, 1798, 1835, 1878, 1932. La fondation de l'Académie française est venue corroborer la reforme de Malherbe. Les travaux de l'illustre compagnie ont piqué d'émulation divers érudits et l'on a vu naître de nombreux ouvrages savants, dictionnaires et grammaires.[15]

- En 1637, René Descartes écrit « Discours de la méthode pour bien conduire sa raison et chercher la vérité dans les sciences » et met fin à l'autorité d'Aristote. Par-là, il habitue les écrivains à soumettre à cette raison la sensibilité et l'imagination, à s'attacher donc à l'étude générale de l'âme humaine plutôt qu'aux impressions personnelles. La littérature tend vers la raison, l'étude de l'âme humaine, le vrai. Les idées de Malherbe triomphait. La pensée des penseurs se dégagea et pouvait continuer son bonhomme de chemin.

Voilà, en grandes lignes, l'histoire de la philosophie depuis la chute Constantinople en1453 jusqu'au « Discours de la méthode pour bien conduire sa raison et chercher la vérité dans les sciences » écrit par René Descartes en 1637. La philosophie rendue domestique de la théologie par la scolastique et l'église catholique renaît avec la renaissance de l'Antiquité, la Renaissance, pour continuer son chemin.

Descartes n'est pas tombé du ciel. Il est un produit de la Renaissance, du classicisme et des Temps Modernes qui commencent en 1453 sous le signe du bon sens et de la Raison qui va créer le 18ème siècle, le siècle de Raison, le siècle de Lumière dont le manuel scolaire de Philosophie des finalistes des Humanités, Initiation philosophique, écrit par Jules Dubois et Luc Van den Wijngaert, ne dit aucun mot. C'est de leur part une malhonnêteté intellectuelle qui fait de la philosophie un labyrinthe où l'on peut s'y perdre, y mourir philosophiquement et ne pas savoir que c'est le rationalisme qui a mis fin à la monarchie amie de l'église et qui a créé la république pour une justice égale et une égalité juste dans une société où le social vise l'humanisme et le bien-être de tout le monde sans distinction de race et de peau, un monde humain. La religion se résume à des querelles religieuses, des controverses théologiques, des schismes, des hérésies, des haines, des guerres et des massacres. Elle est tombée dans l'apostasie pour dérouter l'homme pendant que la sagesse philosophique cherche à rendre l'homme humain, ouvert à l'autre pour le meilleur du monde.

Quelle est, en grandes lignes, l'histoire de la philosophie après le philosophe René Descartes ?

- En 1637, René Descartes écrit « Discours de la méthode pour bien conduire sa raison et chercher la vérité dans les sciences ».

---

[15] Jacques Gob, Pages classiques des écrivains français des origines à nos jours, Edition A Deboeck-Bruxelles, p. 110

Descartes dont l'influence fut très grande, met à la base de la philosophie et de la science, la seule *raison*, qu'il substitue à l'autorité d'Aristote. Par-là, il habitue les écrivains à soumettre à cette raison la sensibilité et l'imagination, à s'attacher donc à l'étude générale de l'âme humaine plutôt qu'aux impressions personnelles.[16]

- En 1642, le pape Urbain VIII condamne l'Augustinus de Jansen (Jansénius). Les jansénistes sont persécutés à diverses reprises : dispersion des solitaires et expulsion des religieuses. Mais l'esprit janséniste austère et rude a subsisté et subsiste encore dans beaucoup de milieux. L'austérité de cette doctrine devait plaire aux gens pieux, à cette époque où l'église catholique s'efforçait de réagir contre la réforme de Luther et de Calvin et contre le libertinage issu de la Renaissance.
- De 1645-1660, les salons se sont multipliés à Paris et en provinces : le salon de madame Scudéry qui avait continué le salon de madame de Rambouillet, le salon de madame Lafayette, le salon de madame Sévigné, le salon de madame Ménage.
- En 1647, Vaugelas écrit Les remarques sur la langue française dont l'influence a été considérable. Toutes les œuvres académiques ou non ont eu le même résultat : épurer et discipliner la langue française dont l'évolution se fait dès lors lentement. Il faut noter que cette épuration aboutit en fait à un appauvrissement ; la langue a gagné en clarté et en pureté mais le vocabulaire a perdu en pittoresque. Ajoutons tout de suite que Racine, Molière, Bossuet et Voltaire ont su exprimer avec cet instrument toutes les nuances de la pensée.[17]
- En 1649, Louis XIV (1643-1715) succède à Louis XIII
- Vers 1660, s'ouvre une époque glorieuse et pour les lettres et pour la monarchie, le classicisme. Louis XIV (1643-1715) protège fort efficacement les écrivains, les savants et les artistes dont il relève le prestige ; d'esprit fort juste, il a su distinguer les vrais talents. De rang de l'aristocratie sortent d'excellents écrivains mais les grands artistes classiques sont issus de la bourgeoisie ou sont les princes de l'église : Boileau, Racine, la Fontaine, Molière, Fénelon et la Bruyère.[18]
- En 1646, Blaise Pascal (1623-1662) s'étant cassé la jambe, fut soigné par deux gentilshommes convertis au jansénisme. Par eux, le jeune blaise apprend à connaître les œuvres de Jansénius, de Saint Cyran et d'Arnauld. Leur doctrine austère le frappe vivement et, dès ce moment, il est acquis à Port-Royal.[19]
  Selon Jansénius, Dieu choisit ses élus. L'homme doit donc *espérer* être digne de cette grâce, par une vie toute de renoncement et de piété. - cette thèse rationaliste était opposée à la doctrine ordinaire de l'Eglise, professée notamment par les jésuites : Dieu accorde à chacun une grâce *suffisante* ; il dépend de l'homme de la rendre efficace, par ses prières et ses actes pieux.

---

[16]Jacques Gob, Pages classiques des écrivains français des origines à nos jours, Edition A Deboeck-Bruxelles, p.113

[17], Idem, pp. 111, 112

[18] Idem p. 163

[19] Idem p. 163

Le jansénisme se propagea très vite en France, vers 1630-1635. Son foyer principal fut une abbaye de religieuses, voisine de Paris, *Port-Royal des Champs.* ... Bientôt des laïques s'installèrent près de l'abbaye, désireux d'y vivre dans le recueillement et l'étude : ce furent les *Solitaires* ou les *Messieurs de Port-Royal.* Leur influence fut très grande. Ils ne tardèrent pas à entrer en conflit avec les jésuites, à propos de la doctrine de la grâce, et aussi à propos de la morale. Les jansénistes exigeaient une morale très austère. Les jésuites, au contraire, étaient plus indulgents. Leur casuistique, ou art de résoudre les cas de conscience, était vivement attaquée par les jansénistes.
La lutte fut très chaude. L'autorité civile et religieuse, inquiète de ce schisme naissant, prit parti contre Port-Royal. Rome condamna l'*Augustinus* et les jansénistes furent persécutés à diverses reprises : dispersion des solitaires, expulsion des religieuses. Arnauld fut exclu de la Sorbonne : il mourut en exil, à Bruxelles. Ces rigueurs durèrent jusqu'au début du XVIIIe s : en 1710, Port-Royal fut détruit sur l'ordre du roi. Mais l'esprit janséniste, austère et rude, subsista – et subsiste encore – dans beaucoup de milieu.
Rappelons encore que les solitaires de Port-Royal avaient fondé des écoles remarquables. Ils y avaient complètement renouvelé les méthodes d'éducation.[20]

- En 1656, Blaise Pascal écrit les *Provinciales.* Ce sont de violents pamphlets contre les jésuites.[21]
- En 1670, Blaise Pascal (1623-1662) écrit les Pensées. Ce sont des notes qu'on a pu réunir. Elles marquent un retour à la foi chrétienne, renforcement du gout du public pour les questions morales. Pascal montre avec force les choix de la raison humaine, mais aussi son impuissance devant le problème du monde.
  Il semble que le dessein de Pascal était, en humiliant la raison humaine, de mener que l'homme n'est qu'un « cloaque d'incertitude et d'erreur ». « Il sent son néant, son vide ». Et pourtant, il sent qu'il est créé pour le vrai et le bien. Dans ce scepticisme de Pascal, on retrouve l'amertume du savant qui sait senti impuissant à expliquer le monde avec sa faible raison. Pascal s'inspire aussi directe ment de Montaigne, mais il aboutira à des conclusions bien différentes.
  Les philosophies ne font qu'augmenter nos incertitudes. La religion chrétienne seule nous explique à la fois notre misère et notre grandeur par les dogmes du péché et de la rédemption. La foi est la seule chose qui contente notre raison et notre désir de bonheur. Pascal s'adresse alors aux libertins et entreprend de leur prouver la vérité historique du christianisme. Mais ses preuves de raison ne suffisent pas, Pascal s'en rend bien compte. Il montre à ses adversaires qu'il y a tout avantage à parier que Dieu existe : car si la raison est faible pour démontrer la vérité de la religion, elle est impuissante aussi à en démontrer la fausseté. Et surtout : il faut faire appel au sentiment : il faut désirer la foi, comme une grâce

---

[20]Jacques Gob, Pages classiques des écrivains français des origines à nos jours, Edition A Deboeck-Bruxelles p.162

[21] Idem, p. 163

de Dieu, et vivre saintement, se soumettre aux pratiques de piété, même si on ne croit pas encore. Dieu se révèle au cœur, non à l'esprit.[22]

- En 1674, après avoir réussi dans la satire et l'épitre, Boileau écrit l'Art poétique. Sa doctrine se résume en trois points : respect de la raison, de la nature et de l'Antiquité.
- En 1684, éclate la querelle des Anciens et des Modernes. Ce débat célèbre montre mieux le déclin du Classicisme. Le conflit éclate entre Boileau et Charles Perrault. Ce dernier avait proclamé à l'Académie la supériorité des poètes modernes sur les grecs et les romains ; Boileau s'est insurgé et l'on s'est combattu, vingt ans durant, à coups de pamphlets et d'épigrammes.

  La thèse de Perrault était fort simple : les écrivains modernes valent autant et plus que les écrivains anciens. La raison doit l'avouer : ils ont l'expérience de nombreux siècles de civilisation et de christianisme. Ce dernier a enrichi nos connaissances morales. La science, enfin, est infiniment plus développée qu'au temps de Virgile et Horace. Donc les véritables anciens, ce sont les modernes : nos maîtres, c'est Descartes, Pascal, Racine, etc. Par ailleurs, Perrault dénigrait systématiquement les anciens et mettait le grand Cyrus au-dessus de l'Iliade.

  Boileau s'est défendu assez mal, il ne laissait pas d'être embarrassé par cette thèse si simple en apparence et il n'a pas pu définir les limites de l'imitations des anciens, ni montrer en quoi Racine était à côté de Sophocle, ou Platon à côté de Platon. La querelle s'est dégénérée en disputes assez mesquines, puis tout a fini par s'apaiser. Mais Perrault et les partisans des modernes ont contribué à répandre l'idée de progrès dont le siècle suivant va s'emparer. Ils ont attaqué, dans la personne des anciens, le principe d'autorité, et cela au nom de la raison. Au 18ème siècle, les écrivains ruineront, toujours au nom de la raison, bien d'autres autorités, en matière politique et religieuse.[23]
- En 1710, Port Royal est détruit sur ordre de Louis XIV. Blaise Pascal était partisan de Port Royal.
- En 1715, Louis XIV est succédé par son arrière-petit-fils, Louis XV, Louis le bien-aimé.
- Au 18ème siècle, les auteurs cessent d'imiter les grecs et les romains. C'est la décadence du classicisme contre lequel se dressera le romantisme au 19ème siècle. Les salons lancent les écrivains et favorisent les idées nouvelles qui sont philosophiques. Les plus célèbres sont : le salon de madame de Lambert vers 1720, le salon de madame de Tencin vers1735, le salon de madame de Deffand et celui de mademoiselle de Lespinasse qui répandent les idées de Rousseau, Voltaire et Diderot vers 1750-1780.

  Les plus grands écrivains de l'époque sont des philosophes qui s'intéressent aux problèmes sociaux. Les grandes œuvres du siècle sont : le Dictionnaire philosophique, le Candide, l'Esprit des lois, l'Ermite. Elles apportent une critique

---

[22] Idem, p. 163

[23] Jacques Gob, Pages classiques des écrivains français des origines à nos jours, Edition A Deboeck-Bruxelles, p. 115

de l'ordre existant et la reconstruction d'un ordre nouveau. Des grands échanges d'idées ont lieu avec les nations étrangères, surtout avec l'Angleterre dont on admire le libéralisme, le parlementarisme, les orientations scientifiques et philosophiques.[24]

- En 1745, on confie à Diderot la direction de l'Encyclopédie.
- En 17…, Montesquieu écrit l'Esprit des lois qui divise le pouvoir en trois pouvoirs indépendants l'un de l'autre : exécutif, législatif, judiciaire.
- En 1750, Jean Jacques Rousseau écrit Le Discours sur le rétablissement des sciences et des arts.
- En 1758, Voltaire s'installe à Ferney. Ses idées et le rationalisme envahissent tout. C'est l'époque de la lutte des philosophes contre le régime et la religion. On croit que le libéralisme politique et le progrès des sciences et de l'industrie amèneront l'âge d'or. On ne connaît qu'une seule règle : ne pas nuire à autrui et respecter sa liberté. Pour certains philosophes, l'athéisme n'est plus à dissimuler : ils sont matérialistes[25].
- En 1772, l'Encyclopédie parvient à son terme. C'est un dictionnaire raisonné des sciences, des arts, des métiers et du rationalisme de l'époque : croyance au progrès social lié au bien-être amenée par la science appliquée, amour de la tolérance, haine des abus, du fanatisme religieux, défiance des religions établies, morale réduite à la bienfaisance.
- En 1789, c'est le début de la révolution française
- En 1792, c'est la proclamation de la république française qui bannit la monarchie et c'est la Marseillaise. Pour le bien-être social, matériel et spirituel, la philosophie exige la fraternité, l'égalité, la liberté, une justice égale et une égalité juste. Le 20ème siècle va développer le thème de la liberté avec le philosophe existentialiste reconnu par le monde entier, Jean Paul Sartre qui a décroché le prix Nobel et non Gabriel Marcel.

  Pour l'existentialisme, l'homme est un pour-soi et non un en-soi. Il est libre, la science ne peut le définir, les églises apostasiée non plus. Quelle sera la philosophie au 21ème siècle après Jésus Christ ? En 2000, l'ère du Poisson a cédé place à l'ère du Verseau, en 2000, le pape Jean-Paul II a demandé pardon pour tout le mal que l'église catholique a commis. Le monde idéaliste doit se recréer.

  Ce sont là l'impact et les prouesses de la philosophie que le manuel de philosophie des finalistes des Humanités, Initiation à la philosophie écrit par Jules Dubois et Luc Van den Wijngaert, évitent sciemment pour ne pas éveiller et montrer le pouvoir et la grandeur de la philosophie à ces jeunes gens qui quittent le banc de l'école pour aller à l'université ou à l'institut supérieur afin de se tailler un chemin dans la vie, afin d'exercer un métier.

---

[24] Jacques Gob, Pages classiques des écrivains français des origines à nos jours, Edition A Deboeck-Bruxelles, p. 220

Le matérialisme est la philosophie de la foi au progrès mental et social sans considération religieuse à l'instar de la science et de la magistrature qui dans leur exercice refusent toute implication religieuse. Le matérialisme d'Epicure consistait à nier les dieux grecs et il avait raison parce que tous ses dieux antiques, produits des prêtres antiques sont morts.

- En 1793, le roi Louis XVI est décapité. Si le pape vivait en France, on allait aussi le décapiter.

Voilà ce qui s'est passé entre le 17ème et le 20ème siècle en France, œuvre de la philosophie. Et l'on croit que le finaliste des Humanités ne doit pas le savoir. C'est une malhonnêteté intellectuelle pour tuer tout un peuple. Un peuple sans philosophes qui pensent, revoient et retouchent la société et le social, est un peuple mort.

Il y a urgence de revoir tout le programme de philosophie aux Humanités et à l'université. C'est un programme qui détruit les intelligences au lieu de les éveiller parce qu'il est tendancieux. Il donne une tendance philosophique et étouffe l'autre au profit de la religion. Ça devient de la théologie qui n'a rien à voir avec la philosophie. On sait combien les controverses théologiques ont tué l'humanité, ont créé des schismes et des guerres religieuses et ont amené la religion à l'apostasie.

Si au moins par esprit d'honnêteté intellectuelle, l'on pouvait avouer aux pauvres étudiants en philosophie qu'ils sont en train d'apprendre la philosophie idéaliste, et leur avouer également qu'il existe aussi la philosophie matérialiste, une philosophie qui ne croit qu'en l'homme et ses capacités, une philosophie qui se résume en cette sentence d'Epicure :

> Il n'y a rien à craindre des dieux
> Il n'y a rien à craindre la mort
> On peut atteindre le bonheur
> On peut supporter la douleur[26]

La croyance en un dieu ou en plusieurs dieux, comme on le voit bien dans l'histoire de l'homme, est un phénomène qui date de bien avant le christianisme. Le matérialisme l'a combattue parce qu'elle créait des guerres des dieux et surtout parce qu'il a trouvé en elle une situation aliénante et avilissante de la personne humaine. L'homme doit croire en lui-même ; c'est la meilleure façon de comprendre le monde dans lequel il vit et de se comprendre lui-même. L'énergie motrice du monde est interne et non externe, dans le monde et non hors du monde.

S'imaginer des êtres extérieurs au monde, des êtres qui influeraient sur l'énergie motrice du monde, c'être idéaliste. Ou bien ce monde appartient à ces êtres-là et nous les hommes, nous ne sommes que leurs jouets ou leurs marionnettes ou leurs marionnettes, et c'est la hiérarchie, les petits devant servir d'autres petits avantagés par les dieux ou les grands qui les considèrent comme leurs valets, ou bien ce monde appartient à l'homme lui-même, et il n'existe pas une hiérarchie essentielle entre les hommes mais uniquement la division de travail.

La philosophie idéaliste fait sentir à l'homme que le travail est une souffrance parce que l'homme travaille dans un monde qui ne lui appartient pas mais qui appartiendrait à des êtres supérieurs imaginaires. Mais comme le monde appartient à l'homme, le travail est

---

[26] Paul Nizan, les matérialistes de l'Antiquité, François Maspero, Paris, page 43

une joie. Celui qui croit que le travail est une souffrance ou une punition, celui-là refuse d'accepter que ce monde dans lequel il vit lui appartient, celui-là accepte qu'il est inférieur aux valets des êtres supérieurs imaginaires. C'est un pauvre type idéaliste qui vit dans l'angoisse, le désespoir et l'inquiétude.

L'inquiétude nous vient de l'antiquité grecque. S'il est aujourd'hui enseigné dans nos Humanités et à l'université, c'est par le truchement du catholicisme. En effet, la philosophie idéaliste était d'abord enseignée dans les grands séminaires catholiques, puis il est passé à partir de1970 au Département de philosophie à la Faculté des Lettres de l'ex-université catholique Lovanium. Les catholiques avaient estimé bon d'envoyer leurs grands séminaristes étudier la philosophie à Lovanium pour profiter de la bourse de l'Etat et du titre académique.

Un grand home appelé Vatican leur était réservé pour préserver leur vocation sacerdotale qu'ils perdraient au contact des communs des pécheurs. Ces derniers en avaient normalement pour deux ans, les deux années de candidature, puis ils passaient à la faculté de théologie de Lovanium. Dans tout ça, il ne manquait pas de prêtres pour assurer les cours. Lovanium était à l'image de la Sorbonne.

Deux grands professeurs béninois m'ont donné cours au Département de philosophie, les professeurs Hountondji et le professeur Laleyé. Tous mes collègues de promotion étaient des séminaristes sauf moi. Ils me disaient qu'en mon absence au cours du Révérend père Smet, le cours n'était pas bien parce que ce dernier disait toujours : « prenons exemple sur Lukusa ».

A un examen de morale, le professeur Laleyé m'a dit ; « Lukusa, c'est comme Lusaka, la capitale de la Zambie. Je te pose une question et tu me réponds par un mot et ton examen est fini : qu'est-ce qu'un homme ne doit pas perdre dans sa vie ? J'ai répondu par un mot : dignité ». J'avais réussi. En effet, la dignité humaine est sacrée. Quand on la perd, on devient une bête humaine.

En 1971, l'enseignement zaïrois a été étatisé. Les trois grandes universités, Lovanium, Kasapa et Kisangani, devenues des campus universitaires, ont été réunies en une seule université appelée Université Nationale du Zaïre, UNAZA en sigle. La faculté des Lettres est partie au campus de la Kasapa emportant avec elle le Département de philosophie qui était méticuleusement et chèrement collée à la Faculté de théologie. Par malheur, l'Etat zaïrois a trouvé bon dans la suite de supprimer la Faculté de théologie de l'ex-Lovanium devenu campus universitaire de Kinshasa, CUK en sigle.

Le problème est de savoir pourquoi le catholicisme véhicule l'idéalisme qui n'a rien à voir avec le fondement du christianisme catholique, à savoir la révélation Divine et la résurrection Christine.

Dans l'Antiquité grecque, l'idéalisme est né de l'imagination des valets des êtres supérieurs ; c'était un moyen pour privilégier et favoriser les valets au détriment des esclaves. Il faut voir que Platon qui était le tenant principal du l'idéalisme soutenait à cent pour cent l'esclavage. L'idéalisme qui n'est qu'une spéculation intellectuelle n'a rien à voir avec la Révélation. Ou bien il faut considérer la Révélation comme une imagination des prophètes et de ce fait même la Révélation devient un idéalisme et recourrait à la spéculation idéaliste. La Révélation devenant une forme d'idéalisme soutient par ce fait même l'esclavage et se détache de la résurrection Christine.

Toutes les philosophies à théologie, philosophie qui cherche à prouver l'existence d'un dieu ou des dieux, à l'instar de celle de Descartes, et toutes les philosophies qui prônent la suprématie de l'esprit sur le corps à l'instar de celle d'Aristote, sont des idéalismes, c'est-à-dire des imaginations de certains spéculateurs, intellectuels payés ou intéressés, qui veulent sauvegarder leurs intérêts en exploitant une masse d'esclaves. En effet, le meilleur moyen de maintenir un homme en esclavage n'est pas l'épée ou le petit revolver mais bien une idée, tout en sachant bien que les deux armes se complètent. Zeus qui brandit la foudre.

Les spéculateurs qui réussissent à sou mettre des esclaves à des dieux ou qui réussissent à leur faire mépriser leurs corps pour l'humanisme du bel esprit réussissent à en faire des chiens fidèles prêts à servir leurs intérêts. Il existe des gens de cette race, des gens qui profitent de l'ignorance des autres pour les anéantir, mais malheureusement pour eux, on ne passe l'éponge à tout le monde, et cela s'explique par la révolte des esclaves.

En effet, il y a toujours eu parmi les opprimés des intelligences clairvoyantes qui sont arrivés à comprendre l'édifice opprimant des valets des dieux pour le dénoncer et le combattre. C'est ainsi qu'Epicure a combattu le platonisme et l'aristotélisme.

On m'a présenté sur le banc de l'école Platon et Aristote comme des grands philosophes ave comme livre de base un cours publié par l'Institut Supérieur de Philosophie à l'université catholique de Lovanium, un livre de Louis de Raeymaeker,'' Introduction à la philosophie''. Ce livre n'a aucune objectivité scientifique. Le catholicisme y admire beaucoup ces deux grands idéalistes grecs et s'arrange pour diviser la philosophie en deux grands courants : le platonisme et l'aristotélisme.

Voici ce que ce livre de Louis de Raeymaeker,'' Introduction à la philosophie'', dit de Platon en prenant soin de surajouter à sa philosophie quelque conception catholisante :

> « … On admet l'existence du mode matériel, qu'atteint la connaissance sensible ; pourquoi refuserait-on d'admettre pareillement l'existence du monde des idées, connu par l'intelligence ? Bien plus, ce dernier est véritablement '' être'', parfait et définitif, tandis que l'univers matériel, à s'exprimer en toute rigueur, ''n'est'', c'est-à-dire n'est pas encore, n'est pas pleinement achevé, puisqu'il est sans cesse en devenir, en voie de se parfaire. Le monde matériel n'est qu'une reproduction déficiente de la réalité idéale, un simple reflet des idées, une ombre projetée dans le vide de l'espace. Autant dire que sa valeur est toute relative, et que notre

> attention doit plutôt se porter sur l'être, sur la valeur véritable, l'ordre hiérarchisé des réalités idéalistes au sommet duquel trône le bien »[27]

Voici ce que ce livre de Louis de Raeymaeker,'' Introduction à la philosophie'', dit d'Aristote en prenant soin de sous-estimer sa philosophie en bon catholique :

> « ... D'après Aristote, un monde des idées, dont l'univers matériel ne serait que le reflet, est une utopie. Nos idées nous révèlent simplement les aspects abstraits. Celles-ci existent et '' sont'' (de l'être), au vrai sens du mot. Elles sont multiples et soumises à des transformations ».[28]
> « Comme Parménide et comme Platon, le stagyrite croit que, seul, l'universel est l'objet adéquat de l'intelligente. Il propose y arriver par la découverte des essences abstraites : savoir la vérité sur une chose, c'est ce que la chose est en elle-même. En même temps, enthousiasmé par la splendeur du réel, Aristote est confusément enclin à ne situer la vérité que dans le concret, dans l'individuel. D'où l'extraordinaire exploration du réel biologique, dont le philosophe a donné l'exemple...
> ... Retenons bien la double tendance paradoxale, et somme toute contradiction, de la pensée grecque : la vérité se trouve dans l'abstrait, la vérité se trouve dans le concret. Alors que la première tendance allait développer les philosophies dont l'effort ne cessera de se poursuivre jusqu'aux Temps Modernes, la seconde allait provoquer un bref essor de la science alexandrine (Archimède, Hipparque, Aristarque, Aratos, Ptolémée, Asclépiade) très vite brisé par la déchéance rapide du monde gréco-romain, puis par l'invasion des barbares »

La tradition raconte que le jour où Platon a écouté Socrate, il a abandonné un grand livre de philosophie qu'il préparait, il est devenu son disciple et il a écrit huit livres où Socrate était le personnage principal. La tradition raconte aussi qu'Aristote a été une autorité philosophique tout le Moyen-Age. Que pense Louis de Raeymaeker de cette tradition ? Est-ce de la malhonnêteté intellectuelle de sa part ?

Qu'est-ce que l'on constate ? Que le catholicisme est premièrement fanatique des philosophies qui prônent la suprématie des essences imaginaires emprisonnées dans des corps qui le corrompraient. Cette façon de voir les choses a pour conséquence le mépris du corps et du matériel soi-disant que le corps et le matériel ne sont que désordres.

Tout en dénigrant la matière, le catholicisme lui fait admettre une concession dans la suite : c'est Aristote qui étudie minutieusement cinq cents pièces différentes ou c'est tout philosophe qui se livre qui se livre à une étude scientifique. Mais cette concession n'est pour eux possible que si le philosophe subordonne la matière à des essences imaginaires comme la « matière première » d'Aristote, ou si le philosophe subordonne sa science à un être suprême imaginaire qui la fonde.

---

[27] Louis de Reameaker, Introduction à la philosophie, 5ème édition, publications universitaires de Louvain, Louvain, 1964, page 86

[28] Idem

En dehors de ces deux conceptions idéalistes de la philosophie, le catholicisme trouve qu'il n'y a plus une autre conception philosophique. Pour lui, l'idéalisme est l'unique philosophie, Platon et Aristote en sont les deux principaux antagonistes affirme Louis de Raeymaeker :

- « Platon et Aristote réalisent à un haut degré de perfection deux types classiques de pensée. Ils ont, l'un l'autre, créé une synthèse philosophique qui n'a cessé d'exercer une puissante attraction sur les esprits.
  Platon a l'intelligence fine ; il est servi par une imagination brillante et soulevé par un profond sentiment ; tempérament poétique et mystique, il quitte volontiers le monde des contingences pour atteindre la sphère sereine de l'idéal et se livrer à des spéculations élevées et subtiles. Ses « dialogues » sont des ouvrages classiques de la littérature universelle.
  Aristote est un fervent des sciences universelles, un observateur patient, qui collectionne et classe les faits. Il ambitionne de bâtir ses théories sur une large base empirique. Esprit systématique, d'une logique rigoureuse, il organise méthodiquement ses travaux et les distribue en branches nettement définies (logique, physique, philosophie première, morale etc… ; mais jamais il ne perd le but final, l'élaboration d'une synthèse universelle qui fournisse l'explication radicale de l'ensemble des choses. Ses « traités », qui sont à peu près les seuls ouvrages qui nous aient été conservés, sont écrits en une langue technique, sobre, claire et précise »[29]

Et voici d'après un catholique un aperçu général de l'histoire de la philosophie :

- La vie philosophique, répandue de nos jours dans le monde entier, dérive de l'antiquité grecque, a traversé la civilisation qui, au moyen-âge et à l'époque moderne, s'est développée dans les pays chrétiens de l'Europe Occidentale. Considérée dans son ensemble, cette évolution de la philosophie, depuis son origine jusqu'à l'époque contemporaine, s'est effectuée en trois grands cycles :
  1) C'est au sixième siècle avant notre ère que la philosophie grecque se manifeste pour la première fois dans l'histoire. Environ deux siècles plus tard déjà elle atteint son apogée (Platon, Aristote). Dans la suite elle décline, tout en demeurant vivante et féconde (stoïcisme, épicurisme, etc…). Elle tombe définitivement en décadence, après avoir jeté, au troisième siècle après Jésus Christ, un dernier et brillant éclat (Plotin).
  2) La pensée chrétienne atteint rapidement, elle aussi, un premier sommet durant le quatrième et le cinquième siècle, qui constitue l'âge d'or de la patristique tant en Orient qu'en Occident (saint Augustin). La décadence qui survint fut rapide et profonde, à la suite de l'invasion des barbares et des arabes et après la chute de l'Empire Romain d'Occident.

[2929] Louis de Raeymaeker, Initiation à la philosophie, 5ème édition, Publication Universitaire de Louvain, Louvain, 1964, pp 84,85…

Après une longue période de préparation, la scolastique s'épanouit enfin, dans l'Occident chrétien, elle atteint son apogée au treizième siècle (saint Thomas d'Aquin et Jean Duns Scot). Ce fut ensuite le déclin. Un redressement énergique, opéré au seizième et dix-septième siècle (Suarez), ne parvient pas à conjurer la ruine de la scolastique. Depuis la seconde moitié du dix-neuvième siècle un mouvement néoscolastique puisant a renoué avec la tradition.

3) La déchéance de la scolastique à l'époque de la Renaissance coïncide avec un vigoureux effort de la pensée occidentale pour s'engager dans des voies nouvelles.[30] La philosophie moderne (Temps Modernes) prend un large essor à partir du dix-septième siècle tant sur le continent (Descartes, Spinoza, Leibniz) qu'en Angleterre (Locke, Berkeley, Hume). Elle atteint son point culminant en Allemagne, vers la fin du dix-huitième siècle, dans le système de Kant.
Le dix-neuvième siècle, placé sous le signe du criticisme kantien, débute par les brillants succès du Romantisme allemand (Fichte, Schelling, Hegel, bientôt suivis d'une réaction violente qui paralyse l'activité philosophique (positivisme, scientisme). Une reprise se produit durant le dernier tiers de siècle, et depuis lors la vie philosophique ne cesse de se déployer dans tous les pays civilisés et de manifester partout une fécondité remarquable.[31]

Voilà la philosophie que j'ai apprise sur le banc de l'université. Il n'y a pas de différence entre moi et un grand séminariste, quelqu'un qui a fait le grand séminaire catholique. Le département de philosophie n'était qu'un grand séminaire catholique au sein de l'université. J'ai étudié à l'université la théologie à la place de la philosophie, et je dirai mêsssme que j'ai une licence en théologie à la place d'une licence en philosophie.

On a fait de moi un idéaliste qui ignore qu'il est idéaliste. Ce n'est pas avec cette théologie qu'ils m'ont apprise que je ferai quelque de chose de bon dans la vie et ils le

---

26 Il n'y a pas eu des voies nouvelles comme le prétend Raeymaker ; ce qui est une malhonnêteté intellectuelle. La philosophie antique a été décapitée par la philosophie moyenâgeuse catholique, la scolastique soutenue par l'Inquisition mais suite à la chute de l'Empire Romain d'Orient en 1453 et à la Renaissance de l'Antiquité et de la philosophie antique en Occident, les Temps Modernes ont décapité la scolastique qui en fait n'était qu'un loup qui s'était introduit dans la bergerie. Pour les catholiques, il y a la philosophie de Dieu qu'ils appellent théologie et la philosophie des hommes, la vraie philosophie, la servante de de la théologie selon eux. C'est comme si la Bible, la parole et la volonté de l'Etre-suprême, ne se suffit pas à elle-même, il faut lui ajouter la scolastique et la néo-scolastique. Le Seigneur parle par les prophètes et non par les philosophes. Dans Marc 9-7, Il a dit : « Celui-ci est mon fils bien aimé, écoutez-le ». En disant aimez ceux qui vous haïssent, le Christ a mis fin à l'emprise et à l'emprisonnement de la haine ; il est le premier philosophe humaniste pour une justice égale et une égalité juste, toutes les races confondues. L'Inquisition catholique n'a été qu'un monde de haine supervisé par des papes et les Jésuites, soi-disant les soldats de Jésus à l'instar des croisés qui voulaient récupérer la terre sainte aux mains des musulmans. Le Christ a dit à ses apôtres faites de tous les hommes mes disciples. Le Christ n'a pas tué, il a été tué.

[31] Louis de Raeymacker, Initiation à la philosophie, Publications universitaires de Louvain, Louvain 1964 pp 79, 80.

savaient très bien. Il m'arrivait dans mon inquiétude de demander à mes professeurs : « ce que nous voyons là, à quoi ça peut me servir dans la vie ? »

L'idéalisme paralyse l'intelligence sans qu'on s'en rend compte, juste le même effet de l'alcool sur le corps. Du moment où il vous fait accepter l'existence des êtres supérieurs, vous sentez que vous n'êtes bon que pour être esclave, esclaves des êtres-suprêmes et de leurs valets, les prêtres, selon une hiérarchie. Hiérarchie qui vient de deux mots grecs, prêtre et commandement, signifie sémantiquement commandement des prêtres. Ils se prennent pour des ambassadeurs du monde d'en-haut, se croient supérieures à tous les hommes d'en-bas et pensent détenir leur pouvoir ou autorité des êtres d'en-haut.

L'idéalisme et la Révélation sont deux choses tout à fait différentes qui ont des buts différents. La scolastique en tant que philosophie s'éloigne de la Révélation et n'est qu'une haute spéculation idéaliste qui flatte le vieil idéalisme grec pour obtenir ses grâces. Elle a vu en Platon et Aristote de très grands philosophes. Nulle part, l'Evangile de Jésus Christ n'a fait allusion à Platon et Aristote. Il n'en a pas besoin. Il a libéré l'homme de l'emprise et de l'emprisonnement de la haine qui est diabolique.

On a vu dans les conflits et les combats des idéalistes, un certain pouvoir spirituel vouloir renverser un certain pouvoir temporel. On a vu des papes se prétendre supérieurs à des empereurs, se prétendre « bakonzi ya bakonzi », c'est-à-dire des chefs des chefs. Charlemagne en a été victime. Il s'est agenouillé aux pieds du pape pour être couronné ou sacré empereur du Saint Empire Romain. Il l'a regretté amèrement. Il n'aurait pas dû venir à Rome pour y perdre sa dignité de première personnalité et garant de son empire, pour y perdre sa dignité d'empereur qui le plaçait au premier rang de son empire. Il a été victime de l'idéalisme catholique qui veut que le pape soit au premier rang et non l'empereur. Celui qui a oint David n'a pas été plus grand que David parce qu'en réalité c'est le Seigneur qui oint et son outil n'est pas plus grand que celui qu'Il oint. Ils se disent hommes de Dieu alors qu'en réalité ils sont outils de Dieu. Il n'y a aucune relation entre l'outil et l'objet ou le sujet créé, façonné ou fabriqué.

Diogène a gardé son sang-froid et surtout sa dignité devant l'empereur Alexandre le Grand qui lui donnerait tout ce qu'il lui demanderait, même la moitié de son empire s'il voulait. Diogène qui accroupi se réchauffait au rayon solaire a demandé à l'empereur qui l'empêchait de se réchauffer de se retirer de son soleil. La chose la plus importante dans la vie de l'homme, c'est sa dignité.

Le philosophe Diogène a sauvegardé sa dignité devant le grand empereur Alexandre le Grand. Il n'a pas troqué sa dignité comme Charlemagne devant le pape à la première Noël le 25/12/800 le jour où il a été sacré empereur du Saint Empire Romain. Il l'a amèrement regretté. S'il le savait, dit-il, il n'allait jamais venir à Rome. L'histoire nous dit que l'Empire Romain (d'Occident) est mort en 476 sous Romulus. Le catholicisme l'a ressuscité en 800 et l'a sanctifié.

Je ne vois en aucune personne née de l'homme et de la femme un être supérieur à moi qui ne suis supérieur en aucune personne née de l'homme et de la femme, et je ne perdrai aucunement ma dignité humaine devant un idéaliste catholique qui se prétendrait être un être supérieur à moi et qui aliénerait ma dignité pour se prévaloir et se dire homme de Dieu alors que nous sommes tous des enfants du Seigneur, notre Père Céleste, comme nous l'a révélé le Christ.

J'accepterais d'aliéner ma dignité humaine si j'acceptais naïvement moi-même d'être idéaliste ou si mes maîtres idéalistes réussissaient par un enseignement et une instruction spéculée à me conditionner et à me rendre idéaliste. La vérité est que je suis un pour-soi et non un en-soi. On ne peut pas m'attacher des œillères pour m'aliéner idéaliste. Je suis humaniste pour une justice égale et une égalité juste toutes les races confondues.

Je comprends pourquoi les Encyclopédistes qui sont humanistes n'ont aucune place au programme de philosophie à l'université catholique et aux Humanités. Ces gens qui ont prôné l'égalité, la fraternité et la liberté sont considérés par le fanatisme idéaliste catholique comme des subversifs parce que nuisibles à la hiérarchie idéaliste catholique ; subversifs parce qu'ils sont revenus grâce à la renaissance de l'Antiquité à l'éthique d'Epicure qui garantit à tout être humain une justice égale et une égalité juste. Louis Raeymacker traite sur un ton idéaliste moqueur leur philosophie humaniste de philosophisme :

> « Le représentant le plus billant et le plus célèbre du philosophisme est Voltaire (1694-1778). Il demeure déiste. Diderot (1713-1784), le directeur de l'Encyclopédie, d'abord partisan du déisme, évolue vers un monisme fortement teinté de matérialisme. D'autres se font les propagateurs du matérialisme le plus épais. Tout le groupe des '' philosophes'' est violemment hostile à l'idée chrétienne et le combat sans trêve et sans répit. C'est à la seule raison qu'ils demandent de jeter les bases définitives d'une civilisation nouvelle. Condorcet (1743-1794) exprime sa foi dans le progrès indéfini de l'esprit humain et il inaugure, pour un prochain avenir, l'organisation rationnelle de la société, qui assurerait, par l'instauration d'un régime de liberté et d'égalité, le règne de la fraternité universelle[32].

Que pense Jacques Gob de Voltaire et des Encyclopédistes ?

> « Au 18ème siècle, les auteurs cessent d'imiter les grecs et les romains. C'est la décadence du classicisme contre lequel se dressera le romantisme au 19ème siècle. Les Salons lancent les écrivains et favorisent les idées nouvelles qui sont philosophiques. Les plus célèbres sont :
>
> - Le Salon de madame De Lambert vers 1720
> - Le Salon de madame De Tencin vers1735
> - Le Salon de madame Du Deffand et celui de madame De Lespinasse qui répandent les idées de Rousseau, Voltaire et Diderot vers 1750-1780.
>
> En 1745, on confie à Diderot la direction de l'Encyclopédie.

[32] Louis Raeymacker, Initiation à la Philosophie, publications universitaires de Louvain, Louvain, 5è édition, pp 142

En 1750, Jean Jacques Rousseau écrit le Discours sur le rétablissement des sciences et des arts.
En 1758, Voltaire s'installe à Fernay. Ses idées et le rationalisme envahissent tout. C'est l'époque de la lutte des philosophes contre le régime et la religion. On croit que le libéralisme politique et le progrès des sciences et de l'industrie amèneront l'âge d'or. On ne connaît qu'une règle : ne pas nuire à autrui et respecter sa liberté.
En 1772, l'Encyclopédie parvient à son terme. C'est un dictionnaire raisonné des sciences, des arts, des métiers et du rationalisme de l'époque (croyance au progrès social lié au bien-être amenée par la science appliquée, amour de la tolérance, haine des abus, du fanatisme religieux, défiances à l'égard des religions établies, morale réduite à la bienfaisance et amour du genre humain, confiance dans les sciences expérimentales opposée à la spéculation rationnelle)
Les plus grands écrivains du temps sont des philosophes qui s'intéressent aux problèmes sociaux. Les grandes œuvres du siècle sont : le Dictionnaire philosophique, le Candide, l'Esprit des lois, l'Ermite. Elles apportent une critique de l'ordre existant et la reconstruction d'un ordre nouveau. De grands échanges d'idées ont lieu avec les nations étrangères, surtout avec l'Angleterre dont on admire le libéralisme, le parlementarisme, les orientations scientifiques et philosophiques.
En 1789, la Révolution française
En 1792, la proclamation de la République française.
En 1793, le roi Louis XVI est décapité[33] ».
Après le retour du calme, deux tendances, le rationalisme de Voltaire et la sensibilité de Jean Jacques Rousseau, dominent les esprits. Toutes les classes sociales en sont pénétrées. L'influence de Jean Jacques Rousseau est la plus forte. Elle contient les germes du romantisme qui naîtra au 19ème siècle.

En ce qui concerne le 18ème siècle, Louis Reaymacker appelle l'idéalisme philosophie et le matérialisme philosophisme. Il a peur d'une chose : « D'autres se font les propagateurs du matérialisme le plus épais. Tout le groupe des '' philosophes'' est violemment hostile à l'idée chrétienne et le combat sans trêve et sans répit » Voilà pourquoi en philosophie le 18ème siècle n'est pas au programme des universités catholiques et des Humanités. La philosophie n'a rien à voir avec la Révélation qui se suffit à elle-même.

Jacques Gob et l'histoire nous disent la vérité sur le 18ème siècle, le siècle de la Lumière et de la Raison qui a fait naître les républiques pour une justice égale et une égalité juste, pour une société humaine. Ils disent : « En 1772, l'Encyclopédie parvient à son terme. C'est un dictionnaire raisonné des sciences, des arts, des métiers et du rationalisme de l'époque (croyance au progrès social lié au bien-être amenée par la science appliquée, amour de la tolérance, haine des abus, du fanatisme religieux, défiances à l'égard des

[33] Jacques Gob, Pages classiques des écrivains français des origines à nos jours, Maison d'édition A. De Boeck-Bruxelles, 1969

religions établies, morale réduite à la bienfaisance et amour du genre humain, confiance dans les sciences expérimentales opposée à la spéculation rationnelle)...Les plus grands écrivains du temps sont des philosophes qui s'intéressent aux problèmes sociaux. Les grandes œuvres du siècle sont : le Dictionnaire philosophique, le Candide, l'Esprit des lois, l'Ermite. Elles apportent une critique de l'ordre existant et la reconstruction d'un ordre nouveau. De grands échanges d'idées ont lieu avec les nations étrangères, surtout avec l'Angleterre dont on admire le libéralisme, le parlementarisme, les orientations scientifiques et philosophiques... En 1758, Voltaire s'installe à Frenay. Ses idées et le rationalisme envahissent tout. <u>C'est l'époque de la lutte des philosophes contre le régime et la religion ».</u>

Où est le philosophisme et le matérialisme le plus épais au 18ème siècle, siècle de Lumière et de Raison qui fait naître la République française, la France ? Louis Reaymacker est tout simplement jaloux de Voltaire qui est un grand modèle philosophique qu'il faut enseigner à tous les enfants pour une société où règnent une justice égale et un égalité juste. Il a réussi un grand exploit philosophique en apportant un plus à la société humaine que la scolastique n'a pas apporté.

La sensibilité de Jean Jacques Rousseau va faire naître au 19èmè siècle le Romantisme. C'est pour Louis Reaymacker une occasion de discréditer le 18ème siècle rationaliste :

> « Le 19ème siècle, placé sous le règne du criticisme kantien, débute par les brillants succès du Romantisme allemand « (Fichte, Schelling, Hegel), bientôt suivis d'une réaction violente qui paralyse l'activité philosophique (positivisme, scientisme). Une reprise se produit durant le dernier tiers du siècle, et depuis lors la vie philosophique ne cesse de se déployer dans tous les pays civilisés et de manifester partout une fécondité remarquable »[34]

En disant que le positivisme et le scientisme ont paralysé la vie philosophique, Louis Reaymacker les exclut de la philosophie et les classe dans le philosophisme. Cela prouve qu'un courant philosophique non-idéaliste est écarté du programme des universités catholiques et des Humanités, soi-disant que ce n'est pas de la philosophie. Tout cela n'est que malhonnêteté et manque d'objectivité intellectuelle.

D'après l'idéalisme catholique, il y a d'une part les philosophes qui sont les idéalistes et d'autre part les libres penseurs qui sont les matérialistes. Et quand il ose nommer les libres penseurs philosophes, il prend soin de mettre le mot entre guimets. Après tout, c'est le Seigneur qui a créé la matière et l'antimatière. Les deux lui appartiennent et Il en a créé le monde (radial, minéral, végétal, animal et l'homme). Est-ce que la matière et l'antimatière appartiennent au diable ou à Satan comme le croient les idéalistes catholiques ? Est-ce que tous ces libres- penseurs, ces philosophes matérialistes socialistes qui ont conçu la France et l'ont créé en 1792 sont-ils des hommes du diable ?

---

[34] Louis Reaymacker, Initiation philosophique, Publications universitaires de Louvain, Louvain 1964, 5è éd. p. 80

Le malheur des idéalistes catholiques est de mettre insidieusement la Révélation de côté et de spéculer la Parole du Seigneur comme l'a fait la scolastique. Tshisekedi wa Mulumba Etienne a lutté avec son parti, l'Union pour la Démocratie et le Progrès Social, UDPS en sigle, pour une République du Congo où règnent une justice égale, une égalité juste, une fraternité congolaise toutes les tribus confondues. Il a été socialiste comme Voltaire et les philosophes du 18ème siècle : « Le peuple d'abord ! »

Les congolais appellent la philosophie « les histoires des prêtres » parce que les idéalistes catholiques évitent et écartent insidieusement du programme de philosophie à l'université et aux Humanités le 18ème siècle, le siècle de Lumière, le siècle de Raison qui est démocratique, progressiste et socialiste.

En fait, ce ne sont pas des philosophes que l'on forme à l'université mais plutôt des théologiens par le truchement de l'université. Le concept université sous-entend une connaissance universelle et non une connaissance tronquée pour défendre des intérêts égoïstes et se prévaloir. Quels intérêts le pays tire-il des théologiens congolais ? C'est triste que la Révélation au Congo devenu Zaïre ne soit qu'un couvert pour défendre des intérêts des idéalistes. Le loup a mis la peau de l'Agneau et il est entré dans la bergerie pour dévorer l'homme et sa dignité humaine.

La vraie philosophie, celle que l'on doit enseigner aux Humanités et à l'université, celle qui n'aliène pas la personne humaine et protège sa dignité, celle qui ne livre pas les gens à des êtres imaginaires et à leurs valets, celle qui délivre l'homme de l'auto-esclavagisme, de l'auto-soumission, de l'autodestruction, va contre l'idéalisme, cet idéalisme imaginé par Platon pour expliquer et soutenir l'esclavage, va contre l'ambiguïté paradoxale du réalisme d'Aristote qui subordonne la matière à l'idée, qui subordonne le concret à l'abstrait dans son universalisme.

2. De l'idéalisme à l'esclavagisme

a) L'idéalisme catholique et l'idéalisme noir, une dialectique

C'est triste ! Le jour où je me suis rendu compte que ma formation en philosophie était tronquée, j'avais des larmes aux yeux, des larmes de douleur et de joie. J'avais cru tout Devant le christianisme qui, dans ses premiers moments, se répandait d'abord dans les couches inférieures des populations pour lutter contre l'esclavage auquel elles étaient réduites, les idéalistes ont trouvé mieux de se faire chrétiens pour sauvegarder leurs intérêts, La chose fut d'autant plus facile ; ils ont embrassé le christianisme mais alors pour l'étouffer. J'embrasse mais pour étouffer disait Néron. Ils affermissaient en fait l'idéalisme en donnant une tournure nouvelle à l'esclavage : l'auto-esclavage, l'auto-soumission.

Ce christianisme idéaliste n'était qu'un néo-pharisaïsme : des soi-disant nobles devenaient prêtres, évêques, cardinaux, papes, non pas pour le compte de la Révélation mais bien pour leur propre compte. En bref, ce n'est pas le christianisme qui a englouti les idéalistes mais plutôt les idéalistes qui ont englouti le christianisme. Voilà le phénomène qui est à la base de l'idéalisation de la Révélation, phénomène que la théologie allait renchérir plus tard.

C'est ce néo-pharisaïsme que nous avons hérité du colonialisme, un christianisme idéaliste aux mains d'une caste qui s'est christianisée afin de sauvegarder ses propres intérêts. Cet idéalisme catholique, IC en cigle, est entré en collision avec l'idéalisme noir, IN en cigle que le Révérend Père Tempels résume en '' l'être est force ''. Toute la thèse de ce dernier sera d'essayer dans sa ''Philosophie bantoue'' d'engloutir l'IN dans l'IC.

Il y a quelque chose que le prêtre blanc n'a pas compris : un chef-coutumier converti au catholicisme pouvait, suivant la hiérarchie catholique, se sentir inférieur à un prêtre, mais ce même chef-coutumier n'acceptait pas du tout de considérer ses parents morts inférieurs à ce même prêtre vivant parce que dans l'IN un vivant est inférieur à un mort, et cela vient de la hiérarchie idéaliste noire.

L'erreur de l'IC est devant l'IN de n'avoir pas compris qu'il devait enseigner que les morts ne sont supérieurs aux vivants. Il n'a fait par contre qu'affermir l'IN en confirmant l'existence d'un monde des morts auxquels que l'on peut recourir, et le noir vivant trouve plus facile de recourir à ses propres morts qu'il connaît très bien et auxquels il a l'habitude de recourir que de recourir à des morts qu'il ne connaît pas du tout. L'IC recourant dans ses difficultés à ses morts et l'IN recourant dans ses difficultés à ses morts, les deux idéalismes engageaient un combat sans issue.

Mais une question se pose ici : « Est-ce qu'un vivant a besoin des morts pour vivre ? ». La croyance à la supériorité des morts sur les vivants n'est que de l'idéalisme et doit être combattu pour laisser la voie libre au savoir et à l'esprit scientifique. Cette supériorité des morts sur les vivants chez les Noirs n'est combattable que par le matérialisme. Il faut un changement de mentalité et de philosophie au Congo devenu Zaïre comme il y en a eu au 18ème siècle en France avec les rationalistes, avec le siècle de Lumière, le siècle de Raison. On est passé de la France monarchique à la France démocratique avec la proclamation de la République française en 1972 et la décapitation du roi Louis XVI en 1973. Il faut des Voltaires au Congo devenu Zaïre. L'Union pour la Démocratie et le Progrès Social, UDPS en cigle, est un départ, « Le peuple d'abord ! ».

En effet, le matérialisme qui est socialiste voit en la supériorité des morts sur les vivants une aliénation de la personne humaine, une auto-soumission du vivant au mort. Le matérialisme recourt à l'intelligence en cas de difficulté, et cela est une conception du monde tout-à-fait différente de l'IN. Le matérialiste ne peut compter que sur lui-même dans ce monde qui lui appartient, qui appartient à tout le monde pas plus à certains qu'à d'autres.

L'échec de l'IC aux prises avec l'IN est bien proclamé par « La philosophie bantoue » du Révérend Père Tempels comme on le voit ; l'évangélisation simple et l'école ont lamentablement échoué d'anéantir l'IN. Le noir soi-disant primitif et le noir soi-disant civilisé sont restés ancrés dans leur idéalisme noir de la même manière. Ils ont tous les deux résisté au lavage de cerveau catholique. La problématique est qu'il faut passer du coutumier au rationnel comme dans les grandes villes zaïroises qui sont des mélanges des coutumes tribalistes combattues par l'IC. Comment passer de l'hétérogénéité à l'homogénéité citadine ?

Il faut déplorer l'IC qui s'est mis d'arrache-pied à enseigner dès la première primaire un catéchisme produit d'une théologie tirée par les cheveux : des anges blancs, un diable noir avec des cornes … dire que Lucifer, l'archange qui s'est rebellé était noir. Peut-être que les flammes de l'enfer l'ont noirci et lui ont fait pousser des cornes. De toute façon ces images ont complexé et même traumatisé les petits nègres idéalistes de sang. Pourquoi la peau noire représenterait-elle le mal et le mauvais côté ? « Moto mwindu awuti wapi ? »[35] a chanté un grand musicien congolais … une plainte !

Le cours de religion était une branche principale à l'école primaire et aux Humanités : avoir un échec en cette branche équivalait à reprendre l'année scolaire. On nous apprenait qu'il y aura une fin du monde, que le pauvre ou le riche ira soit en enfer soit au ciel, que la vie sur terre n'est qu'un passage, un test pour aller soit en enfer soit au ciel. On apprenait le mépris de cette vie soi-disant qu'elle est corruptrice … Tout cela n'est en fait que de l'idéalisme de Platon ou d'Aristote. Ce sont eux qui ont lancé cette idée d'une âme emprisonnée dans un corps physique qui le corrompt ou un corps physique imparfait.

Dans une telle atmosphère de négativité humaine, la recherche d'une vie aisée n'était pas un besoin parce qu'il faut sauver l'âme. L'on préférait alors rester pauvre parce que l'on avait alors beaucoup de chance d'entrer au ciel, tandis que le riche facilement avare et attaché à ses biens matériels avait beaucoup de malchance pour aller en enfer. On voyait très mal le riche dans sa richesse. C'était plus une situation qu'il subissait plus qu'il ne souhaitait … La richesse serait-elle démoniaque ? Voilà pourquoi le cours de religion était une branche principale à l'école primaire et aux Humanités, parce qu'une branche de la vie. Et pourtant on a besoin de biens matériels et d'une vie aisée, d'un cœur apaisé et d'une vie calme. Comment ?

C'était d'abord la religion, les autres occupations n'étaient que secondaires. Devenir médecin ou ingénieur était bien mais il ne fallait pas oublier sa petite messe et son offrande à Dieu, les vraies clés du vrai bonheur qui n'était pas d'ici-bas. Chacun individuellement devait entretenir sa petite âme afin de ne pas la perdre. L'individu n'avait aucune emprise sur la hiérarchie aliénante qu'il acceptait du fait même qu'elle lui facilitait l'obtention du ciel en échange de son état d'exploité et d'esclave spirituel.

L'école était une guerre ouverte à l'idéalisme noir qui, à la différence de l'idéa-lisme catholique, ne souhaite pas la vie de l'au-delà. Le noir prie ses morts pour la vie d'ici-bas. Pour lui, la mort n'est pas libératrice, elle est bel et bien un échec, et surtout la mort

[35] Moto mwindu awuti wapi ? = D'où est sorti l'homme noir ?

d'un jeune, pour lui, la vie sur terre est la première richesse avant les enfants et la femme. Voilà la différence entre la hiérarchie catholique et la hiérarchie noire.

Ce n'est pas l'IC qui pouvait abattre cette conception de l'idéaliste noir. A vrai dire, l'idéaliste noir admire le savoir scientifique et technologique de l'idéaliste blanc et veut en avoir. Tandis que l'idéaliste blanc qui voulait faire de lui un ouvrier, ne pouvait pas le lui donner de peur de perdre ses privilèges, ses intérêts et sa domination. Et puis, donner le savoir scientifique et technologique à l'idéaliste noir était alors le rendre matérialiste ; le savoir scientifique allait l'éloigner à coup sûr de son idéalisme et l'obliger d'abandonner ses croyances aux morts.

En effet, une aspirine qui guérirait un noir des maux de tête, le ferait oublier de prier ses morts pour la guérison de ces mêmes maux de tête. Or rendre le noir matérialiste allait contre les intérêts des idéalistes catholiques qui conjuguaient leurs efforts avec les idéalistes blancs. Ces deux derniers avaient besoin de l'un et l'autre pour exploiter l'ignorant idéaliste noir. L'idée du mépris des biens matériels et de la vie enseignée aux petits nègres par l'IC qui avait tout l'enseignement en main, favorisaient bel et bien l'exploitation du noir par le colon blanc.

L'homme blanc n'avait pas au départ besoin d'une main d'œuvre intellectuelle. Il devait craindre de ce côté-là une menace de révolte mais malgré tout il y a eu une révolte religieuse qui est allé à l'encontre d'un principe de l'Evangile du Christ : « Mon royaume n'est pas de ce monde » a-t-il répondu à Ben Hur.

Le Christ n'a pas été politicien. Les Juifs comptait sur sa puissance pour les délivrer des Romains. Il ne l'a pas fait. Sa mission n'était pas politique mais religieuse, à savoir délivrer le monde du mal et du Malin par sa mort sur la croix. Il l'a accomplie et il est assis à droite du Père au Ciel d'où il viendra juger les vivants et les morts. L'église qui fait ou s'ingère dans la politique tombe dans l'apostasie, se détourne de la vérité, de l'Evangile du Christ.

L'Eglise de Jésus Christ des Saints des Derniers Jours, EJCSDJ en cigle, ne fait et ne s'ingère jamais dans la politique. Elle respecte l'Evangile et la volonté du Christ : « A César, ce qui est à César ». En plus, son douzième article de foi le confirme : « Nous croyons que nous devons nous soumettre aux rois, aux présidents, aux gouverneurs, aux magistrats, et que nous devons respecter la loi ».

L'EJCSDJ est une église correcte qui respecte la loi. La révolte religieuse congolaise s'est voulue politicienne à l'instar des Juifs qui ont voulu que le Christ les débarrasse des Romains. C'est le Seigneur qui a voulu que les Belges colonisent le Congo. En 80 ans, les Belges ont fait du Congo, le pays du Tiers Monde le plus industrialisé, plus avancé que la Chine, le Canada, l'Inde, l'Afrique du Sud et la Corée. Qu'est-ce que les églises incorrectes apostasiées en ont fait après son indépendance en 1960 ? Une loque économique exploitée par la Chine, le Canada, l'Inde, l'Afrique du Sud et la Corée.

L'enseignement et la formation des intellectuels avaient été confiés aux idéalistes catholiques. L'école était plutôt un fin tamis. Ceux qui réussissaient étaient les meilleurs des meilleurs en sciences, en français et en religion. Quand on ne satisfaisait pas à ces trois conditions, on ne passait pas de classe. C'était là les trois conditions sine qua non de l'enseignement catholique… J'ai vu des copains très fort en mathématiques obligés d'abandonner l'école parce que la religion ou le français était leur bête-noire … des Mozarts assassinés … alors que la connaissance en sciences n'a rien à voir avec la connaissance en religion.

Vous comprenez que réussir en religion supposait une aliénation mentale. En effet, vous réussissez bien une chose d'autant plus que vous y croyez fermement et que vous aimez la chose elle-même. Les premiers intellectuels congolais, presque tous des petits ou des grands séminaristes ont été persuadés de l'idéalisme catholique et l'ont accepté sous réserve de leur idéalisme noir encore dans le sang souhaitant le ciel à la vieillesse vu l'attachement à la vie que le noir nourrit. C'étaient des jeunes gens qui remplissaient très bien à l'école les trois conditions de réussite en religion, en français et en sciences. Mais une fois dans la vie pratique, beaucoup ont trébuché et n'ont pas été fidèles à leur vocation de chasteté.

Les catholiques sont fidèles à leurs chefs hiérarchiques en mettant le Christ de côté. Dans notre milieu et dans l'IN même, le mot fidèle a une connotation de soumission, d'esclavage. Le chien dans notre milieu n'est pas un ami fidèle mais plutôt un esclave fidèle. Les Baluba le mangent. Un homme n'est pas un chien pour être soumis ou esclave spirituel à un autre homme comme lui. Ce n'est pas du tout plaisant. Cela fait sentir qu'il y a un supérieur et un inférieur alors que nous sommes tous égaux et frères devant le Christ comme le conçoivent les Saints des Derniers Jours.

Je disais plus haut que beaucoup de premiers intellectuels congolais qui étaient des petits et des grands séminaristes ont trébuché. Ils ont ainsi été des mauvais modèles pour les universitaires catholiques venus après eux. Ils les ont contaminés et tous sont devenus des fidèles chrétiens que de nom. Ils étaient des victimes de la guerre entre l'idéalisme catholique et l'idéalisme noir.

Les victimes de cette guerre philosophique ignoraient cependant que l'aliénation les avait déformés en leur donnant un nouveau comportement d'hypocrisie : ils allaient à la messe de dimanche, respectaient la hiérarchie catholique, célébraient le mariage catholique, donnaient un prénom catholique à leurs enfants, juraient catholiquement, ornaient leurs maisons de crucifix et d'images et statuettes de saints, n'oubliaient pas leur signe de croix avant le repas et avant de dormir, demandaient une messe de requiem pour leurs défunts.

Dans cette hypocrisie, la plus grande et la plus grave aliénation était la maladie de remords dont ils souffraient sans le savoir, remords que le cours de religion leur avait insufflé à l'école depuis la première primaire : hypocrite, on se reproche de tromper le Christ qui a dit à Simon Pierre tu me renieras et le coq avait chanté. Pierre a pleuré amèrement. Renier le Christ était un acte mauvais en lui-même. La conscience en était tâchée sans retour.

Ils étaient tous des Pierres. Ils avaient renié le Christ comme Pierre et ils trouvaient leur reniement impardonnable. Est-ce que le Christ ne pardonne pas un fidèle qui le renie ? On a peur de commettre un acte mauvais en lui-même afin de ne pas décevoir. Et quand on a commis un acte mauvais en lui-même, on a le remords qui ne vous quitte pas : un œil dessiné dans un triangle est là qui vous regarde, vous reproche l'acte et ne vous quitte pas.

b) Le remords et l'idéalisme catholique

Le remords est une auto-déconsidération de soi-même et une auto-reproche à soi-même injectée par le catéchisme pour un acte mauvais en lui-même. Il n'y a pas de remords en cas de légitime défense. On riposte et on se débarrasse de l'assaillant ou de l'emmerdeur. Cela arrive quand ce dernier s'est permis de marcher sur un paisible citoyen pour arriver à ses propres fins égoïstes. Il se prend pour un pour-soi, un sujet qui se donne la liberté de faire ce qu'il veut et prend l'autre pour un en-soi, un objet qu'il veut soumettre et utiliser à sa guise.

En cas de défense légitime, celui qui est objet devient sujet et celui qui est sujet de vient objet et on s'en débarrasse sans remords. A la limite, on tue l'assaillant ou l'emmerdeur sans remords. Souvent l'assaillant surestime sa puissance et sous-estime la puissance de l'autre qui se défend s'il a les moyens, l'intelligence et la capacité et gagne. Cela exige aussi d'être sévère car si on ne l'est pas, on est la risée des autres qui se permettront de vous prendre pour un objet, un en-soi à utiliser ou un esclave à exploiter.

La sévérité renferme l'idée de corriger. Il faut d'abord être sévère avec soi-même avant d'être sévère avec tout le monde sans distinction. Dans cette sévérité, on se fait respecter par tout le monde et on a de la considération de tout le monde. On corrige sans remords les malveillants, les petits comme les grands. Mon père me corriger sévèrement pour mon bien. Le 18ème siècle rationaliste a corrigé sévè-rement le roi Louis XVI. Il le fallait bien pour une France républicaine, démocratique, laïque, socialiste, progressiste. C'était un cas de légitime défense. La république l'a remporté sur la monarchie.

Les dieux des prêtres idéalistes égyptiens, grecs, romains et autres étaient sévères et leurs châtiments tombaient impitoyablement sur les récalcitrants qui allaient à l'encontre de leur mégalomanie. Ce n'était pas une légitime défense. Le philo-sophe Socrate en a été victime. Il y a eu des guerres des dieux. Il y a eu des guerres des empereurs. L'idéaliste Aristote a été précepteur de l'empereur Alexandre le Grand qui a été roi des rois. La ville d'Alexandrie est un souvenir de son expédition en Egypte. Tous ces dieux, empereurs et rois idéalistes sont morts avec leur magie.

L'idéalisme renferme l'idée de forcer brutalement ou malignement quelqu'un en profitant de sa faiblesse, son ignorance ou sa naïveté. Pour se défendre légitiment, les faibles recourent au matérialisme. C'est le cas du 18ème siècle rationaliste et socialiste français qui a renversé la monarchie pour installer la république avec Voltaire. C'est aussi le cas du 20ème siècle rationaliste et socialiste chinois qui a renversé la monarchie pour installer la république avec Mao Tsé Toung.

Durant la guerre mondiale 40-45, les matérialistes allemands avec Hitler imbibés et enivrés par leur puissance ont été renversés par les alliés idéalistes qui se sont défendus légitimement pour récupérer leur paix. Cela ressemble à la guerre mondiale de Troie qui a duré dix ans, les matérialistes troyens avec Paris imbibés et enivrés de leur orgueil ont été renversés par les alliés idéalistes grecs qui se sont défendus légitimement pour récupérer la belle Hélène, la femme du grand roi Agamemnon enlevée par Paris.

Autour de la légitime défense, il y a une dialectique historique entre l'idéalisme et le matérialisme qui se renversent quand l'un ne respecte pas l'autre. L'un ne peut pas exister sans l'autre. La disparition de l'un entrainera la disparition de l'autre. La dialectique est matérialiste parce qu'elle a été découverte par des philosophes matérialistes pour une défense légitime.

Du moment où je me trouve en cas de légitime défense, je me rends moi-même justice et dans ces conditions, il n'y a pas de place aux remords : un homme qui se comporte en une mouche décidée à me déranger quand je travaille, un tel homme je le traite en mouche et je l'écrase sans remords. C'est un cas de légitime défense qui est plus matérialiste qu'idéaliste.

J'ai parlé de remords pour déplorer les réflexes et habitudes aliénantes de l'IC qu'ont subies les soi-disant intellectuels congolais qui ont fait le petit séminaire, le grand séminaire, les Humanités et l'université. Nous voyons que ces intellectuels abandonnent ces reflexes et habitudes aliénantes. Le signe de croix avant le repas n'est plus automatique … à la place des images des saints dans la maison, ce sont des tableaux d'art … une mutation de l'idéalisme au matérialisme est amorcée.

En ce cas déploré, le matérialisme consiste en ce fait que l'homme réagit en légitime défense contre une aliénation ou un esclavagisme spirituel, contre une domination idéaliste. Il veut vivre pour lui-même. Il ne veut pas être esclave des dieux imaginaires et de leurs valets en ce temps de poly-monothéisme engendré par des schismes et des guerres religieuses. Il veut organiser lui-même sa société au moyen d'une constitution. Il veut envisager lui-même son progrès et son bien-être matériel, social, intellectuel et spirituel.

En effet, quand un homme ne fait qu'obéir à la place d'agir lui-même, il sent comme s'il n'existait pas, il a alors tendance à désobéir et cette désobéissance s'exprime par l'anarchie, la corruption et la prostitution. Dans ce monde anarchique, les valets idéalistes des dieux imaginaires engendrés par des schismes se livrent mêmement à la corruption et la prostitution, indices d'un idéalisme esclavagiste dans un ensemble vicieux.

Un homme authentique, un en-soi est un homme qui agit de lui-même, s'exprime et se pose lui-même. Un tel homme se crée lui-même dans une nation suprême et matérialiste qui décide du comportement légitime et légal de tout le monde. Une telle décision ne vient pas d'une mystification ou d'une diversion ou d'une spéculation, mais de l'intelligence d'un groupe qui lutte pour une nation suprême où l'on est tous égaux sans aucune distinction essentielle et hiérarchique grâce à une constitution. Voilà ce qui s'est passé en France au 18ème siècle, siècle de Lumière et de Raison, avec les encyclopédistes. C'est aussi ce qui s'est passé en Chine au 20ème siècle avec Mao Tsé Toung et le matérialisme. La Chine est aujourd'hui une grande puissance grâce au matérialisme après avoir vaincu l'idéalisme qui la rendait très misérable.

Un homme authentique n'est pas une personne qui souffre de remords. Sa nation ressemble à une plantation et toute plante mauvaise qui ne produit pas ou empêche d'autres plantes de bien produire est impitoyablement arrachée et brûlée. Il n'y a pas de place pour les remords dans un monde matérialiste. Seule compte la bonne marche de la nation. Quiconque se comporte en mauvaise mouche ou en mauvaise herbe subira le sort d'une mauvaise mouche ou d'une mauvaise plante.

Les idéalistes utilisent la légitime défense mais ils insufflent dans la personne qui se défend légitimement l'auto-aliénation et le remords. Les valets des dieux qui sont des idéalistes sont des modèles que les esclaves spirituels doivent imiter et imitent très mal sous le regard moqueur de ces valets privilégiés par le système de hiérarchie qui signifie en grec commandement des prêtres qui forment une caste, la caste des valets des dieux. Les prêtres de la Révélation tombent dans cet idéalisme hiérarchique par l'apostasie.

Le Seigneur, le Créateur de l'univers, des nébuleuses et des galaxies à l'infini, s'est révélé uniquement à la nation juive et Il a envoyé son fils Jésus Christ pour sauver toute l'humanité, tous les hommes, toutes les races confondues, tombés dans la rébellion, envoutés par le diable qui voulait être leur maître en profitant de la liberté qui leur a été accordée en tant qu'images de l'Etre-Suprême.

Dans cette imposture qui est un blasphème impardonnable, en voulant être un être-suprême, alors qu'il n'est qu'une créature, le diable s'est révélé à toutes les nations sous différents noms des dieux pour pousser l'homme à mal utiliser sa liberté et à blasphémer comme lui. Ce mot « dieu » provient du mot grec Zeus, le père des dieux grecs, le dieu de la foudre, peut-être le diable. Zeus est devenu Deus en latin et Dieu en français selon la sémantique. En priant Dieu, est-ce que nous ne prions pas Zeus à la place du Seigneur ? Saint Paul a remplacé par le Seigneur le dieu grec oublié des grecs.

Le Seigneur est un singleton. Il ne figure pas dans l'ensemble des dieux enfants de Zeus. Il n'est pas dieu. Larousse doit redéfinir le mot dieu et ne pas mettre le Seigneur dans l'ensemble des dieux qui ne sont que le diable par imposture sous différents noms. Le Seigneur, l'Etre-Suprême, le Créateur des nébuleuses, des galaxies, de la matière, des rayons, des minéraux, des plantes, des animaux, des hommes et même de l'antimatière n'est pas à mettre sur un même pieds d'égalité avec un être créé par Lui. C'est le premier commandement du Décalogue qui refuse par ailleurs toute représentation artistique de Lui.

Nous sommes dans une nouvelle ère, l'ère du Verseau, les idéalistes n'ont pas à imposer à l'humanité le Seigneur tel qu'ils Le conçoivent dans l'apostasie. Voilà pourquoi dans un monde idéaliste, il est risquant pour le maître d'école de traiter un petit idéaliste de mal éduqué. Ce dernier ira l'accuser à son père parce qu'en tant qu'éducateur, il n'accepte pas que le modèle le traite de mal éduqué. Le père devant l'accusation de son enfant réagit en idéaliste et menace le maître.

Par contre, quand un maître d'école traite de mal éduqué un enfant d'ouvrier, l'auto-aliénation se déclenche en ce pauvre enfant. Il doit se comporter suivant un modèle et ce modèle provient d'un enseignement truqué, d'une éducation tronquée qui a pour but de maintenir ce petit dans l'auto-esclavage comme dans les Damnés de la terre de Frantz Fanon.

c) La crise de modèle

Du premier au quatre juin 1973 au colloque de philosophie à Kiswishi, les étudiants finalistes en philosophie du Campus universitaire de Lubumbashi ont connu un malaise mais ils ne connaissaient pas la nature de ce malaise : la crise de modèle. C'était une première. Voici leur déclaration :

- « Nous avons, en effet, fermé manuels et autres ouvrages et nous avons engagé des discussions pour faire le point de nos acquis au terme de ces quatre années d'études philosophiques. Cela justifie l'absence de toute référence ou citation explicites. Mais que l'on ne croit pas de ce fait que nous sommes en marge d'originalité.
  Nous savons que notre carrière d'enseignants (nous n'osons dire de philosophe) ne fait que commencer. Mais il est bon de ne pas perdre de vue que nous sommes à peine la deuxième promotion des finalistes du département et la première en importance numérique[36]. Nous nous sommes demandé quelle philosophie nous allons enseigner à nos jeunes compatriotes dans un Zaïre en pleine mutation. Cette communication est une première étape d'un projet très concret que nous avons mis sur pied et dont la réalisation doit commencer dans un avenir relativement proche[37]. »

Ils ont présenté une énigme mais ils ne connaissaient la nature de cette énigme. L'ennemi invisible les travaillait pour les avoir à sa merci. A leur grande naïveté et leur ignorance totale, ils ne se rendaient pas compte qu'ils étaient à la merci de ce monstre invisible. <u>Ils ne se demandaient pas pourquoi on leur avait enseigné cette philosophie qu'ils ne comprenaient pas</u> :

> « Tandis que pour les autres sciences, il existe une correspondance bi-univoque entre elles et leurs applications pratiques, pour la philosophie, cette correspondance est quasi nulle. En effet, les mathématiques sont utilisées dans

[36] Nous étions 14 finalistes en philosophie. Tous mes collègues venaient tous des Petits séminaires catholiques parce qu'un futur prêtre catholique doit connaître la philosophie. J'étais le seul qui venais des Humanités gréco-latines pour faire la carrière de philosophe comme les Socrate, Descartes, Sartre. Je voyais en cela un métier comme tout autre métier. Mes collègues qui allaient devenir prêtres me demandaient pourquoi j'ai voulu faire la philosophie. Et je leur répondais pour être philosophe. Ils me trouvaient drôle.

[37] Journées philosophiques, Pourquoi la philosophie en Afrique ? Département de philosophie de l'UNAZA, Kiswishi, 1973, p. 53

> les autres sciences comme instrument efficace ; les sciences expérimentales créent la technologie qui applique leurs lois ; les sciences économiques servent à établir des statistiques sur le niveau de vie et quantifient les besoins sociaux ; l'histoire enseigne et renseigne les hommes qui viennent l'interroger ; la linguistique épure la langue populaire, politique et commerciale. Que dire de la philosophie ? [38]»

Que dire de la philosophie ? Cette question est mal posée et dénote un désarroi total car toutes les sciences au Zaïre se trouvent dans les mêmes difficultés d'épanouissement que la philosophie. La preuve en est la fuite des cerveaux. Pourquoi ces cerveaux doivent quitter leur nation pour aller servir de domestiques et d'esclaves riches à ces idéalistes qui ne voient que leurs propres intérêts ?

Le philosophe tout cerveau qu'il est, sait qu'il ne doit pas quitter sa société ; il est angoissé et souffre de voir les cerveaux scientifiques partir et abandonner leur pays. C'est au philosophe d'apporter une solution pour mettre fin à cette fuite. Mais qu'est-ce que l'on constate ? La philosophie qui inspire le respect est en même temps ridiculisée :

> « Le philosophe, professeur ou étudiant, apparaît comme un être ''drôle'', vivant, à certains égards, en marge de la société et des problèmes réels. Il est vrai que l'étudiant philosophe vit comme tous les autres étudiants. Nous n'avons pas ici à le particulariser. Mais toujours est-il que, en rapport avec ce que nous disons ci-dessous, certains camarades qui ne sont pas philosophes lui vouent un respect non justifié : on le regarde par moment comme on le ferait en face de quelqu'un dont on sait qu'il se donne aux sciences occultes.
> Nous pouvons remarquer aussi la même sympathie, parfois moqueuse, de la part des professeurs non-philosophes, qu'ils soient de Lettres ou de la faculté des sciences sociales ; encore que ceux-ci aient souvent signalé l'application remarquable des étudiants philosophes à leurs cours et le sérieux de leurs travaux pratiques.[39]» …
> « Nous avons connu des professeurs qui nous déconseillèrent d'étudier la philosophie, sous-prétexte que nous perdions notre temps et que nous nous engagions dans une impasse. Nous avons eu souvent à répondre à la question de savoir pourquoi nous avions choisi d'être philosophes. Il faut donc laisser la philosophie mourir de sa belle mort et la remplacer par des disciplines plus modernes et autrement plus pratiques.[40] »

Voilà une contradiction énigmatique, une énigme qui est liée au salut d'un peuple. Qui est Œdipe qui va délivrer Thèbes du Sphinx ?... Déjà les hommes de sciences préfèrent partir pour éviter le monstre, monstre qu'ils ne connaissent pas, cependant ils sentent que s'ils restent au pays, ils vont dépérir terrassés par lui, et par amour pour leur métier,

---

[38] Idem, p. 60

[39] Journées philosophiques, Pourquoi la philosophie en Afrique ? Département de philosophie de l'UNAZA, Kiswishi, 1973, pp. 56, 57

[40] Idem p. 57

ils abandonnent leur peuple pour aller servir de domestique et d'esclaves à des idéalistes, à des valets des dieux imaginaires ou au diable.

Le philosophe est angoissé car lui ne peut pas partir et abandonner son peuple. C'est à lui de résoudre cette énigme, c'est à lui de répondre au monstre pour en débarrasser le peuple, mais lui aussi le philosophe ne connaît pas le monstre et ne sait pas qu'une énigme est posée par un monstre. En effet, là est la force du monstre : il est partout et nulle part. il agit sans présenter son vrai visage ; ce qui le rend redoutable car il est difficile de lutter contre un ennemi invisible. Le résultat est qu'on est toujours à sa merci, prisonnier condamné toujours à lui obéir.

Œdipe avait répondu à une énigme que lui avait posée le Sphinx pour sauver Thèbes. Notre philosophe doit répondre à une énigme pour sauver son peuple mais il ne sait pas qu'une énigme est posée par un monstre. Comment pourrait-il savoir qu'une énigme est posée par un monstre ? le salut de Thèbes était aussi lié à la mort de Laïos : en tuant son père, Œdipe devenait roi et sauver Thèbes, et avec Thèbes il se sauver lui-même. Ce parricide était inévitable et il le fallait. On peut lire dans Œdipe-roi un conflit de génération et Œdipe ne pouvait bien régner qu'en tuant son père.

J'ai compris alors que pour sortir de son désarroi le philosophe zaïrois devait aussi tuer son père. L'idéalisme catholique, IC en cigle, doit disparaître pour le salut de la philosophie zaïroise et de ceux qu'elle doit défendre.

J'ai compris alors que la philosophie, telle que nous l'avons apprise ne vient pas de la philosophie occidentale, qu'elle nous vient plutôt de l'IC. La philosophie, dans son conflit séculaire avec le matérialisme s'est présentait aux zaïrois sous le titre de philosophie occidentale, la seule valable. Mais d'après l'IC, la philosophie se partage ou se dispute entre deux grands idéalistes, Platon et Aristote.

J'ai compris alors que les étudiants en philosophie souffraient de la crise de modèles. Ils avaient pour modèles à suivre les grands idéalistes de l'histoire, les seuls dont ils ont appris la philosophie sur le banc de l'université. Cela vient du 16ème siècle de la dialectique entre la Sorbonne catholique et le Collège royal de François Ier humaniste.

J'ai compris alors que si l'on nous présentait Descartes comme un grand philosophe, c'est tout simplement parce qu'il avait soi-disant dépassé la Révé-lation, qu'il avait soi-disant prouvé l'existence de l'Etre-suprême par la voie discursive. Descartes était ainsi un modèle à suivre. L'IC nous avait formés à la Descartes et pour bien faire nous devions, je crois, lui trouver une formule de l'existence de l'Etre-suprême plus rapide que la formule de Descartes. L'IC n'hésite pas de dire :

> « En fait, la foi peut, de l'extérieur, '' orienter '' le travail philosophique en proposant un objet à atteindre, par exemple fournir la preuve de l'existence de Dieu, la recherche de la différence entre la nature et la personne.[41] »

---

[41] Louis de Raeymacker, Introduction à la philosophie, 5è éd, publications universitaire de Louvain, Louvain, 1964, p. 32

Cette philosophie à laquelle on nous préparait était une servante de la théologie.

> « Des disciplines scientifiques telle que l'histoire et la philologie, de même que la philosophie, sont utilisées comme sciences auxiliaires pour élaborer un système théologique ;[42] »

Dans cette façon de voir les choses, l'IC ose appeler la théologie ''philosophie première'' avouant par-là l'admiration qu'elle porte à la méthode philosophique et l'infériorité de la théologie vis-à-vis de la philosophie :

> « D'après Aristote, la raison humaine découvre graduellement la réalité en passant successivement à des genres d'objets différents. Tout d'abord l'universel matériel se montre à nous avec ses caractères sensibles soumis au mouvement et au temps ; il constitue, à ce point de vue, l'objet d'étude de la physique. Si l'on fait ''abstraction'' du mouvement et du temps pour ne considérer dans le corps que leur aspect quantitatif, on obtient l'objet de la mathématique.
> Il faut noter ensuite, en troisième lieu, que les choses matérielles envisagées dans leur réalité effective, sont des êtres, des substances ; nous saisissons cet aspect par la raison, non point par le sens (ceux-ci s'atteignent par les qualités dans le temps et l'espace. Par cette considération de l' ''être'' en tant qu' ''être'', nous dégageons de la ''perceptibilité'' en tant que telle : quoique la chose envisagée soit sensible.
> Ce point de vue permet d'atteindre et d'englober dans une même étude, outre le groupe des choses matérielles, un autre genre de réalités, le groupes des êtres non sensibles, positivement immatérielles, qui comprend l'être divin. La philosophie première (appelée plus tard ''métaphysique'') en fait l'objet de ses recherches : elle étudie la réalité en préscindant de son caractère matériel ou immatériel ; elle s'occupe donc des êtres perceptibles aux sens, en les envisageant comme êtres - aspect purement intelligible, - et également des êtres immatériels que les sens ne peuvent en aucun cas percevoir et qui ne sont accessibles qu'à la raison.
> Cette philosophe première, on l'appelle aussi ''théologie'' parce que Dieu en est l'objet principal. Dans cette classification aristotélicienne, chaque science particulière doit trouver sa place, en tant qu'elle contribue à comprendre mieux l'univers. Elles constituent toutes ensemble le corps des sciences ou philosophie, dans la voûte est la théologie ou philosophie première.[43] »

Donc à côté d'une philosophie première qui est la théologie, il existe une philosophie secondaire qui est la philosophie elle-même. Secondaire dans ce sens secondaire à la théologie. Tout ça c'est de la malhonnêteté intellectuelle, de la mafia intellectuelle, de la spéculation pour asservir des paisibles citoyens. La métaphysique qui se concrétise dans la métaphysique idéaliste et dans la métaphysique matérialiste qui se battent depuis

---

[42] Louis de Raeymacker, Introduction à la philosophie, 5è éd, publications universitaire de Louvain, Louvain, 1964, p. 17, 18

[43] Idem, pp. 17, 18

la genèse de la philosophie n'a rien à voir avec la théologie. Dire que la métaphysique est un autre nom de la théologie, c'est du mensonge. La métaphysique était déjà vieille de dix siècle quand la théologie est née quelque peu avant le Moyen âge suite à des controverses théologiques au sein de l'église avant le grand schisme.

Les mêmes gens qui disent que la philosophie est le ''corps des sciences'' distinguent encore la philosophie des sciences. C'est semer le désordre et la confusion dans les esprits désireux de connaître, de voir clair. C'est utiliser un mauvais moyen pour faire perdre la raison aux gens pour des fins hiérarchiques et esclavagistes. Ce n'est pas à moi que les idéalistes feront perdre la raison. Leur agissement n'est que pure spéculation, sœur de la corruption et de la prostitution ; les trois indices de l'idéalisme.

Il existe une philosophie de la religion mais il n'existe pas une philosophie religieuse. La philosophie de la religion analyse de l'extérieur la religion en tant qu'objet, elle voit le théologien au travail et parle de leur travail. La philosophie religieuse n'est pas possible. La philosophie est une chose et la révélation est une autre. Les mettre ensemble, c'est mélanger les choux et les chèvres.

Dans quelle condition est née la théologie pour oser prétendre qu'elle occupe un rang supérieur à celui de la philosophie ? Ce ne sont pas les évangélistes qui ont conçu et écrit la théologie ! Les dogmes de la trinité et de l'incarnation n'intéressent nullement la philosophie ! C'est une affaire interne à la religion. Il faut des sophistes et des sceptiques pour taquiner les théologiens là-dessus.

La philosophie est soit idéaliste soit matérialiste. Il faut enseigner à l'étudiant en philosophie les deux voies de la philosophie pour ne pas tronquer sa connaissance en lui mettant des œillères. Il doit tout connaître de la philosophie du fait qu'il y a une dialectique entre l'idéalisme et le matérialisme. L'un ne peut pas exister sans l'autre.

Dire que l'idéalisme est divin et le matérialisme diabolique, c'est de la théologie qui a ses deux pieds au ciel et non de la philosophie qui lutte pour une justice égale et une égalité juste pour le bien-être social, matériel et spirituel de l'homme. On ne doit pas se voiler les yeux : la France laïque et démocratique est devenue une puissance grâce aux philosophes rationalistes et socialistes que l'église a traités d'athées ; la Chine est devenue une puissance grâce au matérialisme de Mao Tsé Toung. C'est une philosophie qui a ses preuves et qui combat l'idéalisme ecclésiastique et la hiérarchie sous toutes ses formes pour le développement et le progrès de l'humanité.

La théologie fait croire aux prêtres idéalistes que ce sont eux qui doivent diriger le monde et l'humanité. C'est une forme d'imposture à côté de l'imposture diabolique. L'Eglise de Jésus Christ des Saints des Derniers Jours, EJCSDJ en cigle, n'est pas idéaliste. Elle s'en tient uniquement à la Révélation et dans son douzième article de foi, elle dit : « Nous croyons que nous devons nous soumettre aux rois, aux présidents, aux gouverneurs et aux magistrats, et que nous devons respecter, honorer et défendre la loi ». Les églises idéalistes sont des partis politiques. Les prêtres catholiques katangais ont chassé du Katanga les prêtres et les religieuses catholiques kasayens. Une vraie église est apolitique et ne pensent d'abord qu'au salut des âmes.

D'une métaphysique idéaliste découle une morale et d'une métaphysique matérialiste découle aussi une morale. Des convictions découle un comportement. L'idéalisme est hiérarchique et esclavagiste, le matérialisme est prométhéen. On doit choisir : ou bien on est esclave ou bien on est prométhéen. L'esclave subit les lois des dieux par l'entremise de leurs valets.

Prométhée construit lui-même son monde par l'entremise de son cerveau en se dictant lui-même son comportement. Le choix est clair. Il faut choisir une philosophie qui n'a rien à voir avec la théologie ou une quelconque théologie. Il n'y a pas une théologie idéaliste et une théologie matérialiste.

Comment est née la théologie catholique ? Elle n'est pas née avec Simon Pierre ou Paul. Elle commence au Moyen âge avec la naissance du catholicisme contre les attaques et les escarmouches des sophistes et des sceptiques, l'IC a emprunté ses armes pour se défendre à la métaphysique idéaliste : Parménide, Socrate, Platon, Aristote, Plotin. Et l'ensemble des arguments empruntés à l'idéalisme grec contre le sophisme et le scepticisme s'appelle théologie.

- « La théologie est la science de la foi chrétienne ; les vérités divinement révélées, le contenu de la foi, constituent son point départ et ses principes. Son but et d'élaborer par la raison discursive un ensemble méthodiquement cohérent du contenu du contenu de la foi afin d'aboutir à un système complet qui réponde aux exigences scientifique. »[44]

Que signifie ce désir de rendre la religion scientifique ? D'un côté c'est la foi et de l'autre c'est la raison, le désir scientifique. Est-ce que la théologie dans son désir scientifique n'est pas la négation de la foi ?

Vouloir prétendre que la théologie dépasse la philosophie, c'est bête parce que la philosophie et la théologie n'ont pas de commune mesure. Que la politiques emprunte ses armes de défense à l'idéalisme pour essayer de lutter contre les attaques des sophistes, des sceptiques et des hérétiques, c'est son affaire. Elle n'a pas à se prétendre après ces attaques supérieures à la philosophie en mettant les armes d'Achille, Patrocle n'est pas devenu Achille, et Hector l'a tué.

La philosophie façonne ses armes d'après sa corpulence. La théologie n'a qu'à façonner sa carapace d'après sa carcasse. Pourquoi emprunter les armes d'autrui et se prétendre ensuite supérieur à autrui ? Parce qu'il y a d

u dieu là-dedans ? De la présomption et un manque de jugeote dans cette affirmation :

[44] Louis de Raeymacker, Introduction à la philosophie, 5è édition, Publications universitaires de Louvain, Louvain, 1964, p. 29

> « Ainsi donc philosophie et théologie se distingue radicalement mais s'unissent harmonieusement dans un ordre hiérarchique, où la théologie a le pas sur la philosophie. L'insuffisance relative de la philosophie, eu égard à l'origine de la grâce, ne change en rien son caractère absolu, c'est-à-dire la valeur définitive des résultats qu'elle a pu fonder sur des preuves concluantes ».
> ...
> On peut donc avancer qu'un système philosophique, qui ne prêterait en aucune manière au rôle d'instrument en théologie, ferait par là même la preuve qu'il n'est pas conforme à la vérité tout court. »[45]
> ...
> « Ne faut-il pas s'avancer d'avantage et dire que la foi a exercé une influence positive sur la philosophie ? Celle-ci n'en est-elle pas affectée jusqu'en sa nature, au point de devenir vraiment ''chrétienne'', ce qui serait la négation de la philosophie proprement dite. »[46]

Cette négation de la philosophie n'est pas la négation de l'idéalisme que l'IC appelle philosophie et qu'il veut à tout prix récupérer au profit de la théologie, mais bel et bien la négation du matérialisme qu'il appelle philosophisme.

Je crois que mes professeurs ont supposé que j'ai appris sur le banc de l'université la philosophie occidentale. Celle-ci comprendrait d'après l'IC une philosophie et un philosophisme. A ma grande surprise, mes professeurs ne m'ont pas enseigné le philosophisme occidental, donc ils ne m'ont pas enseigné la philosophie occidentale. Ils m'ont enseigné quelque chose avec une arrière-pensée. Leur enseignement est tendancieux, leur enseignement est un alignement à l'IC pendant que les étudiants en philosophie ne le savent pas : le modèle à produire est un petit idéaliste catholique, un petit théologien.

Tous les chrétiens zaïrois (congolais) sont des petits idéalistes catholiques soumis à une hiérarchie catholique. On leur inculque l'idéalisme catholique, l'évangile catholique et non l'Evangile du Christ. C'est ainsi que tous les zaïrois (congolais) croient que la philosophie est une affaire des prêtres, qu'elle n'a pas un impact sur la vie sociale comme l'ont fait les Voltaire. Si vous leur demandait c'est quoi la philosophie, ils pensent directement aux prêtres catholiques. C'est de la malhonnêteté intellectuelle, un crime spirituel, une aliénation mentale.

La caste des prêtres inculque aux petits congolais la théologie depuis la première primaire : « Qui est Dieu ? Dieu est un pur esprit. Combien de personne y a-t-il en Dieu ? Il y a trois personnes en Dieu, le Père, le Fils et le Saint Esprit... et plusieurs autres questions et réponses de ce genre codifiées dans un catéchisme pour une aliénation spirituelle et non pour une transformation spirituelle ».

---

[45] Louis de Raeymacker, Introduction à la philosophie, 5è édition, Publications Universitaires de Louvain, Louvain, 1964, p. 35

[46] Idem p. 30

Et c'est un enfant de six ans qui retient innocemment ce catéchisme, ces vérités théologales comme un perroquet, comme un enregistreur, mais en réalité on les grave et imprime à coups de burin sur son cerveau, et pendant douze ans, il subira cette aliénation et coups de burin. A peine que l'enfant est à l'âge de raisonner, huit ans, on lui fout sans pitié une façon de raisonner. Le problème est de bien imprimer d'une façon indélébile les prémices de de son raisonnement. On imprime à subconscient une logique dont les prémices sont les vérités théologales et l'opération fondamentale la foi. En fait, on installe en cet enfant un logiciel théologique.

L'enfant subit ainsi depuis la première primaire jusqu' en sixième des Humanités ce traitement ignoble de fidélisation qui est un dressage comme on dresse les chevaux. Ces valets des dieux s'approprient le cerveau et le raisonnement de l'enfant. Ce dernier va commencer à leur obéir comme un cheval dressé obéit à son maître. La réussite aux études dépend aussi de la réussite à l'examen de religion. L'enfant est réduit à un mouton d Panurge.

Dans le premier temps de la colonisation, tous les travailleurs de l'Union Minière du Haut Katanga, UMHK en cigle, étaient catholiques. Tous leurs enfants, garçons et filles, devaient faire la première communion à l'âge de huit ans. Il y avait une église catholique au milieu de toutes les cités de l'Union Minière du Haut Katanga ou Gécamines, à Lubumbashi (ex-Elisabethville), Likasi (ex-Jadothville), Kolwezi (ex-Mariaville), Kipushi, Kambove, Shinkolobwe, Kakanda. Il était aussi question que pour avoir un petit boulot, il fallait être chrétien. Les belges avaient créé ces villes minières où la main d'œuvre était un mélange hétérogène des tribus de la province du Kasaï et du Katanga. Les ressortissants du Kasaï étaient plus nombreux, plus fort, plus intelligent et plus courageux que ceux du Katanga. Il y avait quelques zambiens (ex-rhodésiens) et quelques namibiens.

C'est Monseigneur d'Hemptine, ami au premier ingénieur belge de l'UMHK qui les avait amenés ces Kasaïens, aidé de Monseigneur Cornelis pour les encadrer moralement, éducativement et les évangéliser. Ce nouveau monde avait pour religion le catholicisme et pour langue le swahili. Leur chef de cité s'appelait tshanga-tshanga. Les baluba du Kasaï, beaucoup plus nombreux que les autres, appelaient les camps des ouvriers ''mutshanga-tshanga'', à côté de ces cités, s'étaient créés des quartiers des commerçants italiens (ntadyana), portugais (mputulukeshi), grecs (bakiriki) et ouest-africains (bahusa).

Au point de vue industrielle, c'était du jamais vu. L'UMHK avait une organisation sociale complète : des cantines (nkatini), hôpitaux (hopitalo), écoles (masomo). Tout cela pour exploiter le cuivre, le cobalt, l'uranium et d'autres minerais cachés. Ce cuivre a servi à la fabrication des balles de la guerre mondiale 40-45 contre les allemands. L'uranium a servi à la fabrication des deux bombes atomiques qui ont détruit Hiroshima et Nagasaki contre les japonais. Les Occidentaux et les Américains doivent beaucoup au Seigneur et Congo-Zaïre. C'est grâce à ces minerais divins qu'ils ont vaincu leurs ennemis allemands et japonais et qu'ils ont eu la vie sauve. S'ils peuvent se rappeler de cela ! Ce sera une très bonne chose.

C'est grâce à ces minerais divins que les Belges se sont immensément enrichis. Ils ont construit l'Atomium, Zaventem et ils ont éclairé toutes les artères de la Belgique. Les Belges doivent beaucoup aux congolais-zaïrois qu'ils haïssent et particulièrement les baluba avec qui ils construit l'UMHK. Ils ont tué Lumumba, ils ont supervisé la cessession katangaises pour balkaniser le Congo indépendant. Ils sont très méchants, ces colonisateurs du Congo. Ils vont à l'encontre du Seigneur, propriétaire de l'Etat Indépendant du Congo en 1895, du Congo-Belge en1908 et de la République Démocratique du Congo en 1960. S'ils peuvent réfléchir un peu à cela ! Ce sera une très bonne chose.

Dans ces villes minières de l'UMHK, les belges ont établi par le truchement du catholicisme un nouvel ordre social esclavagiste contre l'ancien ordre qu'ils nommait primitif. En vérité l'idéalisme catholique (IC) voulait philosophiquement renverser l'idéalisme noir (IN). On arrachait l'enfant noir de son système philosophique idéaliste noir basé sur des tabous pour l'aliéner avec un système philosophique idéaliste catholique basé sur des remords.

La guerre entre ces deux idéalismes, l'IC et L'IN, n'était pas encore fini dans ce nouveau monde de mélange entre l'africain et l'européen. Elle persistait. La Philosophie bantoue du Révérend Père Tempels en est une preuve écrite. Cette révélation inattendue qui affirmait l'IN était un grand coup à l'IC qui pour se défendre fabriquait à l'université au Département de philosophie de petits théologiens afin de détruire l'IN.

Voilà pourquoi la philosophie au Congo devenu Zaïre est une affaire des curés. Ce sont eux qui l'enseignent et ils l'enseignent pour fabriquer des petits théologiens afin de combattre et détruire l'IN qu'ils appellent paganisme à l'instar du paganisme romain auquel l'empereur romain … a mis fin en … Ils prennent soin, pour les questions concernant l'existence de l'Etre-Suprême et de l'âme, de dire aux gens de la masse zaïroise qui les posent, que c'est une révélation, mais des philosophes et des théologiens sont arrivés à l'expliquer rationnellement. C'est ainsi qu'ils ont créé la scolastique.

Les curés insistaient beaucoup sur le témoignage du philosophe dans les questions concernant l'existence de l'Etre-Suprême et de l'âme parce que le philosophe est un profane au catholicisme et que son argumentation serait plus valable que celle du théologien qui serait très fort critiqué comme ayant des arguments fanatiques, des arguments subjectifs. Pour eux, l'objectivité des arguments du philosophe est liée au fait qu'il est profane au catholicisme. C'est un leurre. Ils se confient tout simplement aux sophistes qu'ils croient philosophes.

Les idéalistes catholiques disent aux enfants de l'école primaires et aux grands garçons et grandes filles des Humanités que les philosophes ont déjà prouvé l'existence de l'Etre-Suprême et de l'âme. Ils créent à dessein une curiosité intellectuelle dans ces esprits innocents et laissent cette soif inassouvie pour se prévaloir de la philosophie. L'objet de la philosophie (ontologie, logique, éthique et épistémologie) ou le but de la philosophie n'est pas de prouver l'existence de l'Etre-Suprême et de l'âme mais de créer sagement une société humaine où règne une justice égale et une égalité justes pour tout le monde toutes les races humaines confondues.

D'autre part au Département de philosophie de l'Université de Kinshasa, Unikin en sigle, (ex-Lovanium), étant d'obédience idéaliste catholique comme la Sorbonne en France et Louvain en Belgique, on forme des soi-disant philosophes que l'on va sûrement déverser dans les écoles secondaires comme professeurs pour enseigner aux enfants que la philosophie a prouvé l'existence du Seigneur et de l'âme et ces derniers n'osent pas parler aux enfants du matérialisme du fait qu'ils ne l'ont pas appris sur le banc de l'université. On leur a enseigné que le matérialisme n'est pas de la philosophie, que c'est du philosophisme. C'est plutôt la scolastique qui est du philosophisme.

Il faut avouer que les idéalistes catholiques ont très bien réussi leur coup. Ils forment dans leurs universités idéalistes des robots qui enseignent et propagent leur idéalisme. Du moment où l'on me présente licencié en philosophie quelque part, les gens et surtout les jeunes gens des Humanités me demandent toujours de leur prouver l'existence de Dieu et de l'âme. Cela me fait mal au cœur et j'ai pitié de ces gens et de ces jeunes gens, le problème étant très sérieux.

Leur question dénote une angoisse, une aliénation. Du moment où je leur prouverai à la Descartes peut-être l'existence de Dieu, cela signifie que je leur fait accepter la hiérarchie idéaliste, cela signifie que moi aussi je les condamne à l'esclavage ! Je serai moi aussi, en le prouvant, en train de me condamner à l'esclavage car je serais en train de servir des idéalistes, des idéalistes qui ne vont même pas me payer ou me nourrir pour le travail que je leur ferai.

Les congolais-zaïrois ont raison de dire que la philosophie chez-eux est une affaire des curés. Le petit philosophe que j'ai été formé n'était en fait qu'un petit curé en cachette et en puissance. Il me suffisait de faire deux ans de théologie et je devenais un petit curé non en cachette. Ces curés blancs de l'université se moquent franchement du noir du fait qu'ils peuvent l'utiliser comme un ordinateur après une à une ordination.

Pourquoi à l'Université Nationale du Zaïre, UNAZA en cigle, au Campus de la Kasapa, le Département de philosophie a ouvert grandement ses portes aux séminaristes catholiques ? Si on y dispensait la métaphysique matérialiste, aucun évêque n'aurait jamais accepté d'y envoyer ses grands séminaristes de peur de les perdre du fait qu'il croit que le matérialisme n'est pas de la philosophie mais plutôt du philosophisme.

Demandez à un curé de vous parler de la spéculation, de la corruption et de la prostitution, quelle solution y apporter ? Il vous répond ceci : « Les hommes doivent comprendre que Dieu n'aime pas la spéculation (alors que l'IC est une spéculation), la corruption et la prostitution. Est-ce une solution à combattre ces maux qui ravage la société zaïroise ? Le curé combat ce qui tue l'âme et non ce qui tue la société.

Dans une société où la spéculation, la corruption et la prostitution battent le plein, le curé n'est pas épargné par ces maux. Et encore un curé noir qui respire encore son IN toujours aux prises avec l'IC. Beaucoup ont défroqué et se sont mariés. Le curé n'est pas socialiste comme les philosophes rationalistes du 18ème siècle pour qui le but, l'enjeu et la raison de la philosophie sont le bien-être matériel, le bien-être-social et le bien-être spirituel.

Le concept spirituel est à comprendre dans le sens des humanistes du 16ème siècle, dans le sens d'un bel esprit qui a étudié, qui sait lire et écrire, qui a la connaissance non seulement de la religion mais aussi des autres connaissances en général (philosophique, scientifique, technologique, artistique, littéraire, juridique etc...). Un bel esprit est un homme complet comme le voulaient les humanistes du 16ème siècle, un homme qui a le culte de la beauté de la nature, de belles lettres et de belles œuvres artistiques, un homme qui a une tête bien faite et non une tête bien pleine de religion seulement

Les personnes qui ne se soucient point du bien-être matériel, du bien-être social et du bien-être spirituel de la population pour une justice égale et une égalité juste sociale sont insensibles à la spéculation, la corruption et la prostitution. Ils doivent être combattus et anéantis du fait qu'ils développent une attitude de laisser-aller social au lieu de le combattre.

Ce sont les matérialistes au bon et vrai sens du mot matérialiste, accusés faussement d'athées, qui ont créé au 18ème siècle la République française pour le bien-être des français. La Chine toute-puissante est la création au 20ème siècle des matérialistes chinois au bon et vrai sens du mot matérialiste. Le matérialisme n'est pas un philosophisme comme l'enseignent les idéalistes catholiques. Il est une philosophie comme l'idéalisme. Les deux courants philosophiques sont dialectiques pour le progrès de l'humanité. L'un ne peut pas exister sans l'autre.

Ce n'est pas en prouvant l'existence de Dieu et de l'âme que l'on débarrasserait la population zaïroise de la spéculation, la corruption et la prostitution. Le petit théologien que j'ai été formé n'est bon que pour encourager ces trois fléaux, bon pour servir les intérêts des idéalistes catholiques, bon pour être leur esclave et me soumettre à leur volonté. Le modèle théologien que je suis n'est bon qu'à me détruire moi-même par moi-même.

Toute la problématique de nos aînés de l'année académique 1972/1973 au Département de philosophie est la crise de modèle. Cette crise consiste à n'avoir pas compris que le philosophe auquel ils aspiraient n'est pas le théologien qu'ils ont été formés. Voici leur aspiration :

- « La philosophie africaine, comme la science africaine, est en train de se faire. Elle sera ou ne sera pas selon que nous bousculerons ou non un certain nombre de préjugés. Le premier préjugé est celui d'une philosophie pure, aux vérités éternelles situées au-dessus ou en-deçà de la vie réelle d'ici et maintenant.

Ici et maintenant, en Afrique, que se passe-t-il ? Comment vit celui qu'on appelle, on ne sait pourquoi, homme de la rue. Quels sont les besoins de l'homme africain ? Les sciences quantitatives, celles qui mesurent, répondent à leur point de vue, à ces questions.

La philosophie vitale viendra aussi, à sa guise, à la rescousse de ces sciences en vue de satisfaire les besoins vitaux de l'homme concret de l'Afrique 1973.

- Le second préjugé : le philosophe n'est pas un homme d'action. La philosophie vitale que nous prônons n'est pas un exercice de laboratoire ni une spéculation du soi devant sa tasse de café. Elle veut aussi avoir « les mains sales », façonner la pâte de la concrétude de la vie, faire jaillir le sang s'il faut, brûler, piller, saccager au nom d'une Afrique désaliénée.

  Elle n'est pas une préoccupation qui tranquillise l'esprit d'un intellectuel peureux, impuissant, qui fait le théâtre épuisant de la vie de chaque jour. Elle se battra et défendra le pouvoir des africains et de la nouvelle Afrique »[47]

Leur aspiration ne correspondait pas du tout à leur formation et leur erreur est d'avoir cru qu'ils étaient bel et bien formés philosophes. Ils intitulent leur communication « De l'Enseignement de la Philosophie au Zaïre ou Prélude à la Philosophie vitale ». Cette communication date du 1er juin 1973 et aujourd'hui nous avons dépassé le 1er juin 1976, nulle part nous ne voyons cette philosophie vitale. Qu'est-ce que cela signifie ? Ils ont conçu cette philosophie comme une femme conçoit un enfant, et ils l'ont avortée ; un avorton de deux jours, sans corps, sans tête, sans membres, un embryon !

Entrainés et absorbés dans le circuit de la spéculation, la corruption et la prostitution, les aînés de l'année académique 1972/1973 au Département de philosophie à l'UNAZA sont devenus idéalistes ou esclaves des idéalistes. Que dire de leur embryon-avorton ? Le monstre l'a bouffé. Ce monstre invisible assoiffé de sang n'a pas attendu que cette nouvelle conçue naisse pour l'égorger ; il a fait avorter ses patients comme un inconscient médecin marié qui a engrossait une jeune fille la ferait avorter pour prévenir des sérieux ennuis à court terme ou à long terme à l'avenir si ces aînés découvraient et devenaient matérialistes.

Mais le monstre a aussi ses faiblesses devant une beauté de la nature. A maintes reprises, il a tenté d'égorger un beau patient, cependant frappé par sa beauté, il a laissé tomber ses bras sanguinaires… la femme qui portait l'enfant qui tuerait le père, le père l'a quand même engrossée parce qu'il aimait beaucoup sa beauté… Œdipe était né ; ce ne sont pas les précautions de Laïos qui allaient empêcher son fils de le tuer…

La philosophie vitale n'est pas le fils qui allait tuer le père ; le père que la mère appelle philosophie crépusculaire. La mère se trompait sur le vrai père de son fils qui est l'IC. C'est une grosse erreur de dire que la philosophie occidentale est une philosophie crépusculaire :

---

[47] Pourquoi la philosophie en Afrique ? Rapport complet des Journées philosophiques tenues à Kiswishi du 1er au 4 juin 1973, Publication Universitaire du Département de philosophie de l'UNAZA, Lubumbashi, 1973, p.31

> « Tout ce qui précède, misères et grandeurs, est à inscrire au compte de la philosophie occidentale : cette philosophie crépusculaire qui s'élève sur les fatigues et l'ombre de la nuit. Comment a-t-on pu au cours de tant de siècles accepter que la philosophie reste simple gymnastique intellectuelle, spéculations et divagations ? Il ne nous appartient pas de donner une réponse, car la question est posée à la philosophie occidentale qui a le droit d'être comme ses auteurs la créent et l'ont créée »[48]

C'est vraiment une utopie que de vouloir créer de toute pièce une philosophie. Quelle présomption ! Quelle ignorance ! Cette philosophie qu'ils rejettent ne les classerait même pas au rang des sophistes ou des sceptiques mais bien au rang des ignorants, des sous-développés mentaux, des primitifs. C'est triste et malheureux qu'ils aient aussi rejeté la science occidentale.

> « La philosophie africaine, comme la science africaine, est en train de se faire. Elle sera ou ne sera pas selon que nous bousculerons ou non un certain nombre de préjugés ».[49]

Erreur d'avoir admiré le professeur Hountondji qui dit ceci :

> « Et c'est pourquoi je pense pour ma part que la philosophie africaine ne saurait être séparée de la science africaine ? Et que nous n'aurons jamais en Afrique une histoire de la pensée philosophique digne de nom, si nous n'élaborons, ne produisons pas en même temps une histoire de la science, des sciences, qui soit digne de nom. Cela me parait absolument fonda-mental. La pratique philosophique, cette forme particulière de la pratique théorique qu'on appelle la philosophie est indispensable de cette autre forme de pratique théorique qu'on appelle la science ».[50]

Cette affirmation du professeur Hountondji doit sincèrement angoisser nos aînés de l'année académique 1972/1973 qui souhaitaient vivement que nos hommes de sciences créent de toute pièce une science africaine puisque la philosophie vitale rejette la philosophie occidentale ; est-ce que '' la science vitale'' va aussi rejeter la science occidentale ?... Ils risquent d'attendre trop longtemps et ne jamais voir naître cette science vitale condition d'une philosophie vitale qui serait une dérivée d'un mélange hétérogène de l'IC et de l'IN.

Je ne crois pas que les hommes sciences zaïrois ont à rejeter la science occidentale. Je crois plutôt qu'ils ont à la réajuster. Du fait que la philosophie que l''IC nous enseigne est tronquée, la science qu'elle nous enseigne est aussi tronquée. Le jour où j'ai appris ce que sont une intégrale, une dérivée, un cosinus, un lieu géométrique, une fonction, je ne voyais pas à quoi rimaient toutes ces choses.

---

[48] Pourquoi la philosophie en Afrique ? Rapport complet des Journées philosophiques tenues à Kiswishi du 1er au 4 juin 1973, Publication Universitaire du Département de philosophie de l'UNAZA, Lubumbashi, 1973, pp.63,64

[49] Idem p. 31

[50] Idem p. 31

On nous les enseignait ces êtres mathématiques et on nous les enseigne encore maintenant comme si elles ne sont pas abstraites des réalités concrètes, fait ou objet. Nos enseignants ont poussé leur culot plus loin en disant qu'une abstraction est une chose qui n'a pas de réalité concrète parce que pour eux idéalistes Dieu est une abstraction. Cela est un mensonge tout cru. Dieu n'est pas une abstraction. De quelle réalité concrète est-il abstrait ? Un dieu est soit une imagination soit une révélation.

Comme l'existence d'un dieu en tant qu'abstraction est difficile à comprendre, la mathématique en tant qu'abstraction est aussi difficile à comprendre. Une intégrale est une intégrale et un dieu est un dieu, vous disent-ils ; il n'y a rien à comprendre, retenez-le ainsi. Combien de choses devrions-nous retenir ainsi sans comprendre, sans aucun repère réel, concret ? C'est à croire que tout l'enseignement consistait à éprouver la mémoire du petit nègre. Intelligence est synonyme pour eux de grande mémoire. Pourquoi ce mensonge ? Pourquoi cette torture ? C'est méchant ; ils sont sans pitié. Un bourrage de crâne pour former des outils, des machines, des automates qui vont leur servir à l'instar des chevaux. Une déshumanisation des âmes innocentes.

J'avais fait les Humanités gréco-latines alors que j'étais plus doué en physique et mathématique qu'en français, grec et latin. J'avais réussi le test d'orientation à l'université Lovanium qui me permettait de faire n'importe quelle faculté. J'ai choisi de faire la physique pure et la mathématique pure à la Faculté des Sciences. J'ai commencé par la propédeutique scientifique. Mon professeur de mathématique était madame Van Hamme, doyen de la Faculté des Sciences, et celui de physique mademoiselle Renart qui m'aimait beaucoup.

Madame Van Hamme m'exigeait d'aller faire la médecine du fait que j'avais fait les Humanités gréco-latines. Comme je refusais, elle m'a menacé de me faire partir de l'université et elle est allée voir monsieur l'abbé Plevouts. Ce dernier m'a conseillé d'aller faire les Lettres en me disant que je venais d'un grand collège gréco-latin, le collège Saint Grégoire le Grand de la Karavia qu'il connaissait très bien. J'ai directement pensé à faire la philosophie pure parce qu'elle est apparentée à la mathématique et la physique.

La plupart de grands penseurs et philosophes ont été mathématiciens, physiciens et philosophes : les Aristote, Pythagore, Descartes, Copernic, Blaise Pascal, Leibniz, Galilée, Copernic, Albert Einstein et d'autres. Ils ont un point commun, la logique qui est l'une des quatre disciplines de la philosophie à savoir l'ontologie, la logique, l'éthique et l'épistémologie.

La logique est l'étude du raisonnement. Quand on pense, on raisonne et il faut bien raisonner. Socrate a confondu les gens qui raisonnent mal. Il les a appelés sophistes. Leur raisonnement est valide. C'est ainsi que la logique est enseignée en sixième des Humanités au cours de philosophie. L'ontologie étudie les concepts. Il y a des concepts que l'on étudie aux Humanités en mathématique et que l'on ne comprend pas. C'est le cas des concepts intégral et dérivée.

Mes professeurs des Humanités me demandaient de retenir les concepts intégral et dérivée sans les comprendre. Quand je suis allé à l'université, j'ai demandé à mon professeur de physique, mademoiselle Renart, de donner un exemple d'intégrale dans la vie courante. Elle m'a dit sans hésiter que l'espace est l'intégrale de la vitesse, que la vitesse est la dérivée de l'espace, que la vitesse est l'intégrale de l'accélération, que l'accélération est la dérivée de la vitesse et que l'accélération est la dérivée seconde de l'espace.

J'ai alors compris et découvert que tous ces problèmes d'espace, de vitesse et d'accélération se résolvaient très facilement au moyen d'intégrale et des dérivées, que l'on se servait des intégrales et des dérivées pour lancer les fusées et les missiles. J'étais très content. Ces signes ou symboles insignifiants signifiaient quelque chose de réel et de concret, et j'ai commencé à les aimer. La mathématique n'est pas une science formelle comme le croiraient les Bourbaki. J'ai rêvé d'être Bourbaki. Et je me demandais comment j'allais m'en tirer avec leur formalisme. C'est incroyable en mathématique ; par exemple l'ensemble des irréels, la racine carrée d'un nombre négatif, le nombre i. Il faut être formaliste pour les accepter comme êtres mathématiques existants. Et pourtant ils existent dans cette nature créée par l'Etre-Suprême.

Quand l'intelligence consiste à faire le perroquet intelligent dans une science formelle dont on ne comprend pas les signes et les symboles, cette science rebute et repousse. On n'en veut pas. Est-ce que cette haine de cette science difficile à comprendre n'est pas quelque chose de voulu par l'IC ? Bien sûr que l'IC n'aime pas le scientisme illustré par le positivisme d'Auguste Comte, mais il le supporte quand même. C'est le matérialisme que l'IC déteste du fait qu'il rejette un dieu personnel.

Un idéaliste catholique ne peut jamais être un matérialiste mais il peut par contre être un homme de science : Galilée était un abbé et un physicien. Et nous savons que c'est à cause de la science qu'il a été excommunié. L'IC n'était pas d'accord avec sa découverte du système héliocentrique qui ébranlait quelques vérités théologiques et l'IC l'a pendu. Avant sa mort, Galilée a dit : « Et pourtant ce que j'ai dit est vrai. Les méchants l'ont tué tout bonnement pour défendre et protéger la théologie. Ils l'ont sacrifié à leur dieu théologie qui a créé l'Inquisition. L'IC craint plus le matérialisme que le scientisme.

Le scientisme n'est en fait qu'un idéalisme, juste bon pour privilégier les hommes de sciences. Il accepte une hiérarchie qui classe les hommes de sciences à l'avant-garde de la société. Mais qu'est-ce qui empêche l'IC de flirter avec le scientisme comme il a flirté au Moyen-âge avec l'idéalisme régnant de l'Antiquité en leur faisant croire que le pouvoir qu'il détenait provenait de Dieu ? Devant l'attaque menaçante des barbares, les romains ont cessé de brûler les esclaves chrétiens dans les cirques et se sont christianisés abandonnant leur paganisme, leur religion ancestrale pour sauvegarder l'Empire romain et cela a été renchéri au Moyen-âge par l'IC[51] pour sauvegarder le Saint Empire romain qui existe avec la vaticanisation du monde.

---

[51] IC : idéalisme catholique

Chapitre 2 : la pré-philosophie africaine

> « … comme ceux-ci nous veulent apprendre à bien juger et à bien parler, sans nous exercer à parler ni à juger. Or à cet apprentissage, tout ce qui se présente à nos yeux sert de livre suffisant : la malice d'un page, la sottise d'un valet, un propos de fable, ce sont autant de nouvelles matières »
>
> Montaigne, Livre I, chap. XXV, De l'institution des enfants

1. Entre le R.P. Tempels et Le R.P. Kagame, qui a raison ?

Petit théologien que je suis de formation, je veux bien détruire l'IN[52] et je le détruirai ainsi que le veut l'IC. Le processus de destruction est déjà amorcé par le Révérend Père Tempels qui dans son livre La philosophie bantoue essaie de résorber l'IN dans l'IC :

> « … Dans l'enseignement religieux, j'essaie sincèrement de présenter le Christ vivant comme l'accomplissement personnel des trois aspirations fondamentales qui semblent constituer la personnalité bantoue.
> J'ai été amené presque sans le savoir à être personnellement pour ceux avec lesquels nous vivons en union vitale, en communion, un accomplissement de leur être bantou.
> Personnellement, j'ai eu le bonheur de m'être accompli et épanoui jusqu'au fond de moi-même par l'homme bantou, et de ne plus vivre que dépendamment de lui ».[53]

On trouve aussi chez l'abbé Mulago ces aspirations à la tempelsienne, les aspirations à résorber l'IN dans l'IC :[54]

> « Cet accroissement ''ontique'' des êtres, ce renforcement interne et réel de ntu, théorie non démontrée pour la science rationaliste occidentale (27. cf. id. p. 120), est une certitude dans l'Eglise Catholique, mais d'un renforcement surnaturel d'une participation à la vie même de la trinité bienheureuse. La sagesse de nos bantous semble une providentielle pierre d'attente de la doctrine du mystère de l'Eglise. Puisse les bantous mieux saisir le sens de l'Eglise pour y trouver la réalisation transcendante de leurs aspirations séculaires. Pour qu'ils aient la vie et l'aient en abondance ».

L'abbé Alexis Kagame ne partage pas l'avis du R.P. Tempels et de l'abbé Mulago. Pour lui leur attitude n'est que pure spéculation :

---

[52] IN : idéalisme noir

[53] A.J. Smet, Autour de la philosophie africaine, textes choisis pro manuscrito, UNAZA , Kin/L'shi, 1973, p.148

[54] Idem p. 69

> « Lorsque nous étudions une religion donnée, nous sommes habitués à considérer Dieu comme le point central de croyances. C'est là un préjugé, à ce qu'il semble, qui empêche certains de comprendre rationnellement la documentation dont ils peuvent disposer. A prendre le christianisme ou toute autre religion, on se condamnerait à ne pas apercevoir l'essentiel de celle d'un type différent.
> Il est d'autre part une catégorie de chercheurs fondamentalement déviés par le préjugé apologétique. Ils s'imaginent que toutes les religions des peuples sans écritures doivent apporter leur quote-part d'appui au christianisme. Ils sont portés à mettre en vedette les points analogues au dogme chrétien et à laisser les autres dans l'ombre. Ceux-là devait se convaincre que le christianisme se suffit en lui-même, que c'est une religion révélée, et qu'une doctrine analogue à lui, constatée dans cette religion naturelle ne lui est pas nécessaire, tout autant que ne lui nuit en rien telle conception qui lui est opposée.
> Ce dernier point me semble d'être d'une grande importance. Je n'ai évidemment pas la naïveté de m'imaginer que les intoxiqués d'apologétisme seront de mon avis, à supposer que ce passage leur tombe sous les yeux. Mais je me suis convaincu que le préjugé en question empêchera toujours d'apercevoir l'essentiel de notre religion traditionnelle. En toute hypothèse cependant ce préambule était nécessaire pour introduire le lecteur à l'examen des affirmations qui vont suivre ».[55]

Dans ce qui vient d'être dit par A lexis Kagame, on voit le souci scientifique de dire la vérité, de dire ce qui est et non de chercher une pierre d'attente là où elle n'est pas. C'est ainsi que dans ses conclusions, il voit dans l'IN, dans la religion traditionnelle des bantous un paganisme :

> « Nous conclurons en affirmant que la religion traditionnelle des bantous, groupe ses vérités croyances autour de deux centres vitaux : Dieu et l'homme. La place éminente que cette religion réserve à Dieu est cependant considérée comme un présupposé nécessaire à tout le plan d'avance fixé par le Créateur, qui a tout orienté vers la perpétration du meilleur de son œuvre : le genre humain.
> Je soumets ces analyses à l'appréciation du lecteur, en espérant avoir suggéré un sujet à ses réflexions. S'il ne l'avait pas entrevu, il comprendra que là git le fin fond du paganisme bantou. Si mes analyses se trouvaient fondées, ne fut-ce qu'en partie, nous prendrions ainsi conscience du centre vital de certaines réactions qu'il nous est arrivé plus d'une fois de constater sans pouvoir nous les expliquer rationnellement ».[56]

A la franchise, à la sincérité d'Alexis Kagame, il faut opposer la spéculation du R.P. Tempels. Là où Kagame cherche loyalement une révolution, Tempels cherche spéculativement une évolution. Kagame est catégorique et clair :

---

[55] A.J. Smet, Autour de la philosophie africaine, textes choisis pro manuscrito, UNAZA , Kin/L'shi, 1973, pp. 70, 71

[56] A.J. Smet, Autour de la philosophie africaine, textes choisis pro manuscrito, UNAZA, Kin/L'shi, 1973, p.32

> « … et l'homme alors, pourquoi Dieu l'a-t-il créé ? La philosophie classique théologisée nous prouve, par un raisonnement irréfutable, que l'homme a été créé pour connaître Dieu, l'aimer et le servir.
> Toutefois les conceptions traditionnelles des bantous prennent une autre direction. Tout d'abord, dans leur système, dans l'au-delà, il n'y a ni récompense ni punition. Les esprits des trépassés vont séjourner dans le monde d'en-bas, sous la terre des vivants. Ils continuent à s'intéresser à la pérennité de leur lignée. Ce point est la base du culte aux ancêtres. Les bons et les méchants (nous glissons vers la morale) sont respectivement récompensés ou punis sur terre, soit de leur vivant, soit dans leur postérité »[57]

Vous comprenez que l'IC dans sa lutte contre l'IN va préférer le tempelsime au kagamisme. C'est ainsi que dans le petit manuel des classes terminales des Humanités, L'initiation philosophique, le Père Dubois qui l'a écrit parle de la pensée bantoue sur Dieu à la tempelsienne, refusant à bon escient de dire qu'Alexis Kagame n'est pas de l'avis de Tempels à propos de la conception de Dieu chez les bantous. Pourtant, c'est Alexis Kagame qui a raison. Tempels force les choses, spécule. Son intention est clair : résorber l'IN dans l'IC par n'importe quel moyen, malhonnête ou pas, toutefois le sien est malhonnête.

Alexis Kagame parle de religion bantoue et refuse de parler de philosophie bantoue parce que dans son optique une religion est plus honorable qu'une philosophie. Par contre Tempels parle d'une philosophie bantoue parce que dans son optique aussi une religion est plus honorable qu'une philosophie. Les deux comparent deux choses qui ne peuvent pas être comparées.

En effet, une religion à la catholique est une révélation tandis qu'une philosophie est une recherche inspirée. Vous me direz que la religion bantoue d'Alexis Kagame n'est pas une révélation, n'est-ce pas ? Elle est une religion dans un sens large, elle est une croyance tout comme la révélation dans un sens large est une croyance.

Alexis Kagame et Tempels veulent tous les deux arriver à un même but : prôner la Révélation et l'IC. Malheureusement, là où l'un est honnête et cherche une révolution, un changement intégral et profond parce que pour lui la religion noire est un paganisme, l'autre malhonnête et rusé cherche l'évolution et la promotion de ce paganisme.

Les noirs bantous conçoivent un Etre-Suprême et non un dieu comme le paganisme des grecs ou des latins (romains) qui a créé le concept dieu. Cet Etre-Suprême n'est pas un phénomène culturel importé d'Europe, Il est pour les noirs bantous le Créateur de ce monde et Il n'est pas, à franc parler, le Dieu de la Révélation des catholiques parce que Celui-ci ne joue pas un rôle principal dans la vie de l'homme noir bantou, c'est-à-dire un Dieu comme le souhaite Alexis Kagame en tant que converti à la religion chrétienne

---

[57] Idem pp. 78, 79

catholique, un Dieu par qui ‘‘ l'homme a été créé pour connaître Dieu, l'aimer et le servir ’’. Il l'affirme lui-même :

> « Pour l'ethnologue forcé d'apologise, je vais énoncer une hérésie caractérisée, en aboutissant dans ma conclusion à une religion dont Dieu n'est pas le centre. Telle est cependant la religion des Bantous. La première partie de cet article nous a prouvé à suffisance que Dieu joue un rôle déterminant dans cette religion. Mais les Bantous ont estimé que le Créateur lui-même avait installé l'homme au centre de la religion. Cet homme cependant n'est pas un tel, constitué en individu concret : c'est plutôt la perpétuation du genre humain. L'individu n'est pas l'essentiel ; au fond, ce n'est qu'un chaînon entre deux générations, ou si vous le préférez, entre deux séries de générations : la section de ses ascendants et de ses futurs descendants ».[58]

Chez les bantous, quand l'individu adulte meurt et n'a pas mis au monde, il est enterré face contre terre avec un épi de maïs à l'anus et la prière ‘‘ va, ne reviens plus ’’ parce qu'il n'est pas un chaînon entre deux générations. Ce culturel bantou a été détruit par l'IC dans les villes construites par l'homme blanc où il a mélangé des tribus zaïroises pour exploiter le Zaïre.

Chez les bantous, il n'y a pas un culte de l'Etre-Suprême mais il existe bel et bien un culte aux ancêtres auxquels on sacrifie des poules ou des chèvres dans certaines manifestations, jamais à l'Etre-Suprême ; c'est pourquoi ils prient (lusanzu) les ancêtres vivant en-bas pour avoir la force de travailler, la bonne santé de la famille et le bien-être et jamais l'Etre-Suprême. Le fait est clair : quand un noir muntu échappe à un accident mortel, il s'écrie ‘‘ les esprits (bakishi) sont là’’ et il prend soin de leur offrir une poule ou plusieurs. Tandis qu'un idéaliste catholique qui échappe à un accident mortel s'écrie ’’ Dieu soit loué ’’. Ce culturel bantou a été détruit par l'IC dans les villes construites par l'homme blanc où il a mélangé des tribus zaïroises pour exploiter le Zaïre. L'IC dans les villes l'a remplacé par la prière adressée à Dieu en implantant la religion catholique. C'est vouloir forcer les choses que d'identifier l'Etre-Suprême des bantous qui n'est pas le centre et le Dieu de l'IC qui est le centre. La guerre entre l'IC et l'IN.

Les élèves finalistes des Humanités des humanités qui apprennent le tempelsisme contestent Tempels en ce qui concerne l'Etre-Suprême chez les bantous mais ils ne peuvent rien contre une éducation car il est pour eux question de gagner des points et non d'être instruit. Ils seraient pleinement d'accord avec le kagamisme ; malheureusement leurs éducateurs évitent spéculativement de le leur enseigner.

La croyance en un Etre-Suprême ne revient pas seulement aux chrétiens de la Révélation ou aux idéalistes catholiques qui s'approprient l'Etre-Suprême, et il n'y a pas une pierre d'attente dans la conception d'un Etre-Suprême. Tout le monde sait que l'univers a été créé par un Etre-Suprême. Tout le monde sait qu'il y a un Créateur de cet univers. C'est

---

[58] A.J. Smet, Autour de la "Philosophie africaine", Textes choisis, UNAZA, Kin, L'shi, 1973, p. 81

un singleton, c'est-à-dire un ensemble à un seul élément. C'est un Etre incréé qui a créé les autres êtres. Il est unique en son genre.

L'univers n'a pas deux ou plusieurs créateurs. L'univers n'a qu'un seul créateur. Il est le Créateur de l'univers. Il a doté l'homme d'une raison qui le témoigne et qui est soutenue par la Révélation. Il est la Raison de l'univers. Toute sa créature qui se croit ou se prétend être égal à Lui est un blasphémateur et un imposteur. Il est le Seigneur de l'univers. Il est le Créateur, la Raison et le Seigneur de l'univers. Ces trois qualificatifs Lui fait et Lui donne sa gloire, la Gloire du Seigneur, du Très-Haut, du Tout-puissant, et de l'Etre-Suprême.

Cette Gloire est au Seigneur seul et Il ne la partage pas avec toutes ses créatures de son univers où Il loge le monde des esprits, des animaux, des végétaux, des minéraux, des radiaux et des êtres inconnus des humains chercheurs comme des Prométhée à cause de leur petite intelligence semblable à une étincelle d'un charbon bien ardent.

Il faut du sérieux dans l'enseignement et non du mensonge pour former un zaïrois raisonnable, qui peut raisonner, pas celui que l'IC et l'IN ont rendu irraisonnable, ont paralysé la raison et ont déréglé le raisonnement. Qu'on apprenne aux élèves des Humanités le kagamisme et non le tempelsisme. Ce dernier n'a de vrai que la partie ontologique qui confirme que les bantous ont une philosophie et de là en tirer une théologie bantoue d'une pierre d'attente pour résorber l'IN dans l'IC, c'est forcer les portes de l'IC qui n'a pas accepter une victoire facile. Le Vatican a boudé Tempels en se référant au kagamisme qui voit dans l'IN un paganisme.

Il faut aussi signaler que le Vatican avait au départ boudé l'africanisation de la religion chrétienne catholique par le Cardinal Joseph Malula qui pour se faire accepter a dû dire une belle messe en lingala au Vatican devant le Pape. C'est triste que cette africanité de Malula soit partielle : la messe catholique est dite en lingala, tshiluba, kikongo et swahili mais les prénoms des chrétiens catholiques restent en français. C'est un dièse, une incohérence dans cette africanité. Malula devait commencer par s'appeler Malula Yozefu, son prénom devenant un postnom ou un surnom comme le voulait le Parlement zaïrois. La souveraineté de l'Etat zaïrois exige que c'est l'Eglise catholique en tant que culture qui est dans l'Etat zaïrois qui est laïc et non le contraire. Il n'y a pas à mêler les choux et les chèvres.

Cette supercherie qu'a eu Tempels pour résorber l'IN dans l'IC ressemble à la supercherie qu'a eu Saint Paul à l'agora à Athènes pour résorber la religion grecque dans la religion chrétienne. Il leur a dit que dans panthéon grec le dieu oublié est Yahvé. C'est ainsi que Yahvé est entré dans le panthéon grec et pour Le distingue des dieux grecs, l'IN a imaginé de l'appeler Dieu avec d majuscule. Cette supercherie de Saint Paul, comme celle de Tempels, n'échappe pas à la philosophie qui est un phare pour éclairer dans l'obscurité de l'ignorance.

Pour la philosophie, le concept dieu est un nom commun historiquement et socialement parlant et non un nom propre. Si mon père se nomme Mulaba, cela ne veut pas dire que je dois écrire père avec majuscule pour l'honorer ou parce qu'il est unique. Il est unique pour moi et non pour mon copain Mujinga… Les musulmans ont leur dieu, les orthodoxes ont leur dieu, les protestants ont leur dieu, les idéalistes ont leur dieu, chaque peuple qui va à la guerre pour conquérir ou protéger un territoire prie son dieu.

Il y a plusieurs dieux et si tout le monde mettait son dieu unique au majuscule, il y aurait plusieurs Dieux et ça, rien à faire, est une confusion totale que nous vivons. Alors admettons avec tout le monde que dieu avec majuscule est un nom commun et non un nom propre qui appartiendrait à une religion. C'est du poly- monothéisme. Alors admettons tous que Dieu est un nom comme Allah ou comme Yahvé et que celui qui prie Dieu ne prie pas Allah, ne prie pas Yahvé. Tout ce que je sais, Yahvé n'est pas Allah, la Bible n'est pas le Coran. Le laïcisme des Etats souverains empêche les religions de se battre et s'entretuer.

Ce n'est pas à moi, tout petit théologien de formation que je suis, d'entrer dans cette controverse Kagame-tempels. Si l'un parle d'une philosophie où Dieu est le centre et l'autre parle d'une religion anthropocentrique, cela les concerne. Moi, je vais faire de la philosophie et non de la théologie. De toute façon, Tempels, Mulago, Kagame et moi, nous sommes d'accord sur l'anéantissement de l'IN, chacun selon sa vision, la mienne est celle d'une justice égale et une égalité juste toutes les tribus confondues au Zaïre pour le bien-être social, matériel et spirituels de tous les zaïrois.

2. Ebénezer Njonh-Mouellé et la supériorité des modernes sur les traditionnels

Le désir d'anéantissement de l'IN se trouve également chez Ebénezer Njonh-Mouellé :

> « Sous nos yeux aujourd'hui en Afrique, des valeurs s'écroulent, s'en vont en lambeaux. Il faut reconstruire. La philosophie africaine d'aujourd'hui ne saurait être ''la philosophie bantoue '', par exemple, nous entendons par là qu'elle ne saurait être une philosophie philosophée dans d'autres contextes en d'autres temps.
> La philosophie africaine d'aujourd'hui n'existe pas, elle émerge de contexte de crise, elle se fait. Nous voulons alors conclure avec M. Trottignon, en disant : « contre le dilettantisme idéologique, contre le scepticisme superficiel, contre l'immoralité bourgeoise, la philosophie est rappel brutal de la transcendance ; car la transcendance n'est pas nécessairement l'au-delà invisible, elle peut être le dépassement de soi par la compréhension intellectuelle du sens de son destin ».[59]

Qu'est-ce qu'il faut reconstruire ? Nous avons à reconstruire l'idéalisme inerte noir. Le problème est que nous vivons d'une inertie. L'inertie est un mouvement sans changement. Ce mouvement était pourtant lancé par des génies créateurs que nous

[59]A.J. Smet, Autour de la ''Philosophie africaine'', Textes choisis, UNAZA, Kin, L'shi, 1973, pp. 121, 122

appelons ancêtres, et ces ancêtres doivent se moquer de nous dans leurs tombes à nous voir incapables d'être génies créateurs comme eux.

Ces génies créateurs dont je parle d'une manière idéaliste, puisque je les pense en train de se moquer de nous, alors qu'un matérialiste dira qu'ils sont bel et bien morts et sont par conséquent incapables de se moquer de nous, ces génies créateurs ne sont pas plus grands que nous ; les ancêtres ne sont pas plus grands que nous. Cette supériorité qu'on leur donne n'est qu'un pur idéalisme, une façon d'envisager les choses pour protéger des intérêts égoïstes. Si dans cette culture ancestrale idéaliste, tout vieillard est considéré comme un sage, la chose est en fait un phénomène idéaliste car si aujourd'hui parmi nous ils existent des idiots, des imbéciles et de non-intelligents, ce n'est pas en devenant vieux que ces derniers cesseront d'être idiots, imbéciles et non-intelligents pour être sages.

Chez nos ancêtres, il y avait aussi des idiots, des imbéciles et des non-intelligents. Croyez-vous que la vieillesse les avait rendus sages ? Cette croyance culturelle ancestrale vieillesse = sagesse n'est qu'une réflexion idéaliste.

Parmi nos ancêtres, il y avait des génies et ce sont ces génies qui dirigeaient leur culture. L'évolution de l'IN par des agents internes à l'IN a été freinée par le colonialisme en supprimant tout bonnement ces agents internes, en ôtant l'authenticité à ces agents. Le Noir ne pouvant pas se déterminer lui-même par le truchement de ces génies mâtés par le bâton-à-feu de l'homme blanc, a commencé à vivre dans une inertie, dans un mouvement sans changement. Sa vie est devenue une constante sans créativité technologique.

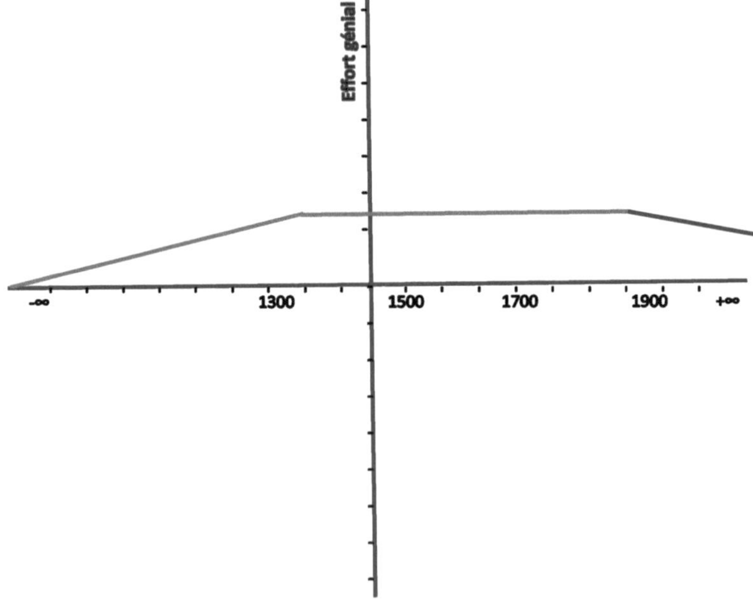

Cette constante a beaucoup résisté à l'IC. Sa résistance consistait alors à la maintenir dans une inertie qui affermissait le culte des ancêtres. Cela, les génies de nos ancêtres devaient le comprendre : une admiration renforcée de nos aïeux était un moyen très efficace pour lutter contre l'IC envahissant.

Aujourd'hui, nous nous n'avons pas à utiliser cette arme contre l'IC parce qu'il est pour nous question de détruire l'IC et l'IN. Entre nos ancêtres et nous-mêmes le but est le même, celui de nous maintenir dans une authenticité, mais la méthode de lutte n'est pas la même. L'authenticité de nos ancêtres est idéaliste tandis que la nôtre se veut matérialiste, d'où entre nos ancêtres et nous une révolution est inévitable.

Nous avons aujourd'hui à détruire notre IN que nos ancêtres nous ont légué et qu'ils ont défendu acharnement contre l'IC, en renforçant le culte des ancêtres ou l'admiration intensifiée des aïeux parce que pendant cette lutte ils n'avaient pas le temps et l'occasion de produire des génies créateurs ; les produire, c'était produire de gros gibiers pour l'IC. Ce qui n'est pas le cas aujourd'hui. La lutte contre l'IC se poursuivra et elle est inévitable. Et l'IC et l'IN doivent être combattus parce qu'ils favorisent la spéculation, la corruption et la prostitution. En Occident, l'IC a été combattu au 18ème siècle par les philosophes rationalistes et les encyclopédistes accusés d'athéisme :

> « L'intolérance religieuse et les querelles théologiques discréditent l'autorité de l'Eglise. La foi monarchique et la foi religieuse sont battues en brèche. Par ailleurs, les progrès de sciences et surtout des sciences appliquées, annoncés par Descartes et Pascal, sont grands et font naître bien des illusions : on voit en elles un moyen de régénérer la société, en répandant le bien-être.
> Le rationalisme n'est plus comprimé et va tout oser : il fera, peu à peu, la critique des institutions. Il s'élèvera contre l'Eglise. La libre pensée ne se cache plus. Si certains écrivains (Montesquieu, Buffon) sont encore des chrétiens sincères, d'autres comme Voltaire, ne le sont plus que de nom ; d'autres encore (Diderot, d'Alembert, Helvétius, d'Holbach, etc) ne dissimule guère leur irréligion ou leur athéisme. La littérature va refléter ces tendances nouvelles : les plus grands écrivains du temps seront des philosophes ; mais ce mot prend au XVIIIe s. un sens très spécial : ces penseurs méprisent la métaphysique, la psychologie et même la morale qu'ils réduisent à la bienfaisance, et ne s'intéressent qu'aux problèmes sociaux. »[60]

L'idéalisme est un monde d'intérêts et de privilèges spéculativement camouflés et entretenus. A partir des hérésies et des schismes en son sein, l'IC a engendré d'autres idéalismes religieux. Et l'IC et l'IN doivent être combattus. Ils ont tous un même Dieu et ils ont aussi tous un même Jésus-Christ.

---

[60] Jacques Gob, Pages classiques des grands écrivains français des origines à nos jours, edition De Boeck, bruxelles, 1969

Est-ce ce Dieu qui les oppose ? est-ce ce Christ qui les oppose ? Yahvé et le Christ n'opposent personne. Vous serez les miens a dit le Christ si vous vous aimez les uns les autres comme je vous ai aimés. Avant de venir à mon autel, a dit Yahvé, va d'abord te réconcilier avec ton frère. Pourquoi les hérésies et les schismes ne renferment que la division et la haine ? Ils ont été produits par les idéalismes passifs qui ne visent que des intérêts et des privilèges.

Il n'est pas question pour moi de sortir de l'IN soi-disant primitif pour embrasser l'IC soi-disant civilisé. Qu'on ne se trompe pas ; l'idéalisme et le matérialisme sont deux aspects de la philosophie qui sont nés dans l'Antiquité pour le bien-être social, matériel et spirituel de l'humanité. Ils sont dialectiques. L'un ne peut pas être sans l'autre. Ce sont deux éléments qui équilibrent la vie de l'homme. Il leur arrive d'être actifs et d'être passifs. Dans le cas du Zaïre, l'IN et l'IC sont très passifs et ils détruisent le Zaïre. Il faut le matérialisme dialectique très actif pour sauver le progrès scientifique et technologique au Zaïre afin que la justice soit égale et que l'égalité soit juste entre tous les zaïrois pour leur bien-être.

Il faut noter que l'IN diffère beaucoup de l'IC. Le premier est anthropocentrique ; ce qu'Alexis Kagame appelle religion anthropocentrique. Elle a l'homme pour centre. L'autre a Dieu ou des dieux pour centre. Il faut noter une autre différence :

> « L'autre catégorie est celle des lois-tabous purement religieuses. Elles ont ceci de particulier qu'elles sont toutes négatives : elles n'obligent pas à l'accomplissement de tel acte, elles obligent plutôt à éviter l'acte.
> Leur accomplissement consiste en leur non-transgression[61]. Le transgresseur même parfaitement connu, ne sera pas poursuivi par les juges car ces lois-là sont considérées comme comportant en elles-mêmes la sanction immanente qui tôt ou tard se manifestera ».

Il existe dans l'IN et dans l'IC des lois-tabous. Pour l'IN, la sanction se manifeste du vivant du transgresseur et à sa mort, son esprit va errer privé de repos dans le monde d'en-bas. Et pour l'IC, la sanction se manifeste à sa mort dans l'au-delà où l'esprit continue à vivre, c'est soit le ciel soit l'enfer.

Je ne vois pas comment le R.P. Tempels trouve une pierre d'attente dans l'IN pour l'IC compte tenu de ces trois différences… Cela n'est rien. Le problème pour nous est que l'IN et l'IC doivent être combattus et disparaître comme l'ont fait en France, la France de Voltaire, les philosophes rationalistes du 18ème siècle, siècle de Raison en créant la République française par une grande révolution philosophique pour le bonheur des Français. Il en est de même de la Chine du 20ème siècle avec Mao Tsé Toung.

La République zaïroise est là suite à son indépendance le 30 juin 1960 il y a 16 ans et il n'y a pas de bonheur pour les Zaïrois à cause de la présence de l'IN et de l'IC. Si le mot

---

[61] A.J. Smet, Autour de la "Philosophie africaine", Textes choisis, UNAZA, Kin, L'shi, 1973, p. 312

bonheur porte à équivoque parce que pour les idéalistes le bonheur est relatif créant les castes des riches et des pauvres, des hommes libres et des esclaves, pour les matérialistes il n'y a pas d'équivoque possible, bonheur signifie vie aisée sans castes et standing de vie élevée en ce qui concerne le bien-être social, matériel et spirituel encadré et protégé par une justice égale et une égalité juste. Et les vaches seront bien gardées.

3. L'idéalisme noir, une arme émoussée pour lutter contre l'idéalisme catholique

Toutes les pensées africaines cherchent un changement et toutes ces pensées se trouvent dans une impasse : elles ne savent comment doit s'opérer ce changement. Ces pensées abordent le problème africain en affirmant l'idéalisme noir ; là est leur erreur car vite elles deviennent spéculations. Le salut est un ''ancêtrocide'', une variante du complexe d'Œdipe : le fils ne pouvant s'affirmer que par la mort de son père.

a) Les morts sont morts

Les noirs africains, en occurrence les bantous, ne peuvent s'en sortir que s'ils écartent de leur vie la hiérarchie idéaliste et son corollaire mal compris le culte des ancêtres ou des défunts. Nous n'avons plus le temps d'adorer les morts ou des masques pour demander une vie aisée, une promotion au travail en jalousant bêtement les collègues de service. Nous devons exploiter notre sol et notre sous-sol qui sont scandaleusement riches pour produire des matières premières industrielles et nous enfermer intelligemment dans des laboratoires et des usines pour les transformer en produits finis afin d'avoir suffisamment à manger, à nous vêtir, à nous abriter décemment, à vivre humainement comme il se doit et non à vivoter, à sombrer dans la misère et la pauvreté sans espoir d'un lendemain meilleur.

Ce n'est pas en priant les morts et les masques que nous arrangerons les choses ; les morts sont morts ; qu'on les laisse tranquilles. La soumission du vivant au mort est une spéculation d'un groupe de gens intéressés. Quand est-ce que les morts ont demandé aux vivants que les vivants leur soient subordonnés ? la subordination des vivants aux morts est une supercherie rendue tabou par les aînés pour dominer les puinés. C'est une variante de conflit de génération du fait que les vieillards qui comptent beaucoup sur la jeunesse montante doivent les mâter afin de vivre une vieillesse calme.

La subordination du puiné à l'aîné n'est qu'une solution d'exploitation des jeunes. Pour se faire, les aînés, parents et grands-parents qui produisent, se subordonnent aux arrière-grands-parents et aux morts qui ne produisent pas et subordonnent les enfants qui ne produisent pas. Ils ont raison de se subordonner aux arrière-grands-parents et aux morts et subordonner les enfants. La vie étant un chaînon, les parents et grands-parents deviendront arrière-grands-parents et des morts, et les enfants deviendront des parents et des grands-parents pour assurer la production à leur tour aux deux extrémités qui ne produisent pas, les arrière-grands-parents qui vont mourir et les enfants qui naissent. Cela a donné une religion, le culte des ancêtres et des morts.

Les morts ont été enterrés dans le monde d'en-bas et c'est la terre qui donne à manger à partir d'en-bas. Il faut prier les morts pour que la terre donne parce que la sècheresse est mise sur leur dos…Ce n'est pas en priant le mort pour qu'il fasse pousser une tige de manioc derrière la case que la tige va pousser. Prenons un naïf quelconque qui possède un champ de manioc derrière sa case. Ce dernier prie ses morts et leur offre et sacrifie des poules pour que les maniocs de son champ soient gros. Si ces maniocs ont bien grossi, ce naïf religieux dira que les morts l'ont écouté ; dans le cas contraire, il prétendra qu'il a mal prié et invoqué ses morts, ses ancêtres défunts.

La sagesse ancestrale n'est pas dans l'intervention bénéfique ou maléfique d'un mort dans la vie d'un vivant mais plutôt dans la subordination du vivant au mort parce qu'en acceptant la subordination aux morts, on accepte automatiquement la subordination aux aînés, et c'est tout ce que les aînés qui ont mis au point cette sagesse cherchent afin de se garantir une vieillesse calme et un enterrement honorable.

Prenons un grand-père qui prend la parole devant les morts ancestraux et qui dit : « Vous, nos pères qui sont dans la terre, protège-nous et donnez-nous la force de travailler. Que notre récolte soit bonne cette année ». Cette force qu'il demande aux défunts, la demande-t-il pour lui qui n'a plus la force et l'énergie suffisante de travail ou la demande-t-il pour les jeunes gens qui ont les muscles forts ? Dans son for intérieur, il sait très bien que ce n'est pas pour lui qu'il la demande mais pour les parents et les jeunes gens qui ont les muscles forts. Les morts donc ne servent que les capables à produire et jamais les incapables. Voilà pourquoi dans l'IN, tout se fait au nom du clan et non au nom de l'individu, parce que ce sont les incapables à produire qui dirige et maintiennent la sagesse. Si les capables à produire dirigeaient, les incapables à produire mouraient de faim et seraient mal enterrés.

Un vieillard qui a bien réussi sa vie, un vieillard qui, dans son IN, a beaucoup de femme, un grand bétail, beaucoup de volailles et beaucoup de plantations, dira certainement qu'il a beaucoup prié les morts, ses bakishi, dans sa vie. Depuis quand et comment les prières aux défunts ancestraux font pousser une tige de manioc derrière la case et font grossir les maniocs dans les champs ?

Il en est de même pour nous aujourd'hui : l'élève qui prie se ancêtres afin de réussir aux examens à la place de bien étudier ses leçons, a beaucoup de chance de rater ses études. Et si l'élève n'est pas intelligent, prier les morts pour qu'il ait un surcroit d'intelligence n'aboutit absolument à rien. Il faut lui chercher ce qui convient à son intelligence. Et si c'est un idiot, je ne vois pas comment les morts le guériraient de son état d'idiotie.

Ce n'est pas avec les morts et les masques que nous allons rattraper notre retard en philosophie, sciences, technologie, Arts et Lettres, car si nous pouvions le rattraper avec l'aide des morts, nous l'aurions rattrapé depuis longtemps. Comme c'est avec l'intelligence que nous devons faire des pas de géant en philosophie, sciences, technologie, Arts et Lettres, cette intelligence consiste à écarter l'IN et l'IC de notre chemin prométhéen. Ce sont la philosophie, les sciences, la technologie, les Arts et les Lettres qui doivent nous subjuguer et non les morts. Les morts sont morts.

L'homme noir a une peur morbide de la mort et des morts parce qu'il croit que le mort est jaloux des vivants ; raison pour laquelle le vivant doit supplier les morts qui n'ont pas la vie sur la terre pour qu'ils ne l'emportent pas dans le monde d'en-bas où son esprit irait errer au lieu de se reposer. Cela dénote un état primitif de son intelligence et cette primitivité d'intelligence explique la raison d'être de l'IN.

b) Sorcellerie, une spéculation irrationnelle

Ce n'est pas avec la technique de la sorcellerie et ses méthodes que nous allons rattraper notre retard en philosophie, sciences, technologie, Arts et Lettres car si nous pouvions le rattraper avec l'aide des sorciers zaïrois, c'est depuis longtemps que nous l'aurions rattrapé. Comme c'est avec la philosophie, les sciences, la technologie, les Arts et les Lettres que nous pouvons faire des bonds de géant, il nous faut combattre la sorcellerie qui fait partie de l'IN.

La sorcellerie, c'est peut-être bon pour les séances de magie le soir pour distraire les gens, car tout le monde est d'accord avec moi que ce n'est pas avec la sorcellerie que Noirs et Blancs ont construit le Zaïre, les villes zaïroises, la Gécamines, Inga, Miba, Kilo-moto, UNAZA, aéroport de N'djili... Toutes ces créations ont été faites avec la puissance et la sagesse du Seigneur qui est le propriétaire du Zaïre, avec toutes les tribus zaïroises qu'Il a mélangées et avec tous les intellectuels zaïrois de première heure.

Devant le bâton-à-feu, devant l'aspirine, le sorcier noir n'a pas hésité à prendre l'homme blanc pour un sorcier, et par conséquent à prendre la science et la technologie pour la sorcellerie. Nous savons très bien que la sorcellerie de l'IN n'a rien à voir avec la science et la technologie qui sont de l'ordre de la raison. L'histoire en est aussi témoin : les sept merveilles du monde (les pyramides d'Egypte, le jardin suspendu de Babylone, la statue de Zeus Olympien, le colosse de Rhodes, le temple d'Artémis à Ephèse, le mausolée d'Halicarnasse, le phare d'Alexandrie que je souhaite vivement voir et admirer de visu) sont des chefs-d 'œuvres de la science et la technologie.

Que ça soit dans l'art (peinture, musique, cinéma) et l'architecture, les grandes réalisations ont été faites grâce à la science et la technologie. Pourquoi alors se cramponner à la sorcellerie pour freiner la science et la technologie ? Elle ne peut jamais remplacer la science et la technologie. Le Docteur Faust nous l'a prouvé. C'est l'esprit prométhéen qu'il nous faut et non l'esprit faustique.

C'est vouloir brûler les étapes que d'utiliser la sorcellerie pour aboutir à une fin. Se présenter à une compétition mondiale de football avec des fétiches pour remporter, c'est mépriser la science et la technique pour aboutir à un échec. Un savoir scientifique dans un esprit scientifique est le seul moyen certain et conscient pour réussir, réaliser des grandes prouesses comme les chinois l'ont fait en moins de 50 ans.

La sorcellerie est en fait une arme de domination, de conquête, une machination idéaliste qui s'asservit le savoir scientifique pour des fins égoïstes et esclavagistes afin de protéger des privilèges et des intérêts individualistes.

La sorcellerie a été utilisé dans l'IN comme gri-gri pour dominer. Les grands chefs, très souvent esclavagistes, s'entouraient de sorciers et de notables pour écraser les peuples. Les jeteurs de mauvais sorts cependant, devant la science et la technologie occidentales, ont été incapables de pulvériser l'homme blanc. Ce dernier en mission de l'Etre-Suprême, du Tout-Puissant, du Seigneur, s'est installé par sa force et sa puissance dans la cuvette du majestueux fleuve Congo, et quiconque a voulu s'opposer a été anéanti parce que le Zaïre-Congo, le reste du paradis terrestre est à Lui et pour sa Gloire ad vitam eternam.

L'homme blanc avec la force et la puissance de l'Etre-Suprême, du Tout-Puissant, du Seigneur, a créé un gouvernement : un pays, des provinces, des districts, des territoires. Il a construit des villes et il a organisé le travail en mélangeant les multiples tribus pour former une grande nation au cœur de l'Afrique, à cheval sur l'équateur, baigné par un majestueux fleuve, le Zaïre-Congo habité par le zaïrois-congolais selon la volonté de l'Etre-Suprême, du Tout-Puissant, du Seigneur, Créateur de l'univers, du ciel et la terre.

Les grands de l'IN qui se combattaient pour des gloriettes ont été anéantis par le Très-Haut et ont été remplacés dans les provinces, les districts, les territoires et les villes par des chefs dociles et fidèles à Lui. L'homme blanc aurait pu carrément anéanti ces pouvoirs noirs mais selon la psychologie de masses, c'est à long terme, doucement et lentement, qu'il allait anéantir ces pouvoirs de l'IN pour établir le gouvernement de l'Etre-Suprême, du Tout-Puissant, du Seigneur pour sa Gloire ad vitam eternam.

Selon la volonté du Tout-Puissant, le nouvel Etat et son gouvernement confié au roi Léopold II allaient écraser les empires et les royaumes de l'IN et réduire au silence à long terme les chefs de l'IN et non de les émanciper. La preuve en est que l'on n'a pas vu les fils des chefs de l'IN dans le rang des politiciens quand la mission des Belges a fini en 1960. Ces derniers ont émancipé les fils des villageois pour prendre les rênes du pays après leur départ. Nouvel Etat nouveaux dirigeants.

L'émancipation du simple villageois au détriment de la famille de chef et du chef de l'IN lui-même vu son rang social ébauchait la démocratisation du pouvoir dans le gouvernement idéaliste noir comme la démocratisation du pouvoir en France avec les philosophes de Lumière au 18ème siècle. Raison pour laquelle actuellement les politiciens zaïrois ne sont pas des fils des chefs de l'IN.

On vit aujourd'hui au Zaïre la démocratisation du pouvoir, chose que les Belges missionnaires du Seigneur au Congo n'ont pas pu réaliser chez eux. On vit aujourd'hui au Zaïre une république et non un royaume, encore moins des royaumes. Les trois pouvoirs (exécutif, législatif, judiciaire) sont séparés. On ne fait pas une république avec des sentiments mais plutôt avec la raison qui vient du Seigneur qui est Raison. La force est soumise à la raison. La raison est plus forte que la force. La raison est une puissance.

La République est la fille de la raison et la raison exclut tout pouvoir héréditaire. La raison, c'est le bon sens, ''the common sens'', c'est l'esprit philosophique et scientifique. Tout le territoire appartient à tout le monde, à l'Etat qui se traduit par la loi Bakajika. Le chef est éligible parce que jugé capable de diriger. Si dans le temps reculé, les forts de l'IN se sont approprié le pouvoir jusqu'en faire un pouvoir héréditaire, cette appropriation a été abolie par la République qui est la chose publique humaine, laïque et non un bien privé.

Tous les hommes selon le Seigneur naissent identiques, égaux, libres et frères. Dire ou croire que certains hommes naissent avec un sang royal, noble ou sacré, c'est matériellement de la pure spéculation pour asservir ses semblables, c'est de l'idéalisme. Le génie et le savant sont des hommes comme tous les autres. Leur être est celui des autres hommes à l'intelligence moyenne.

L'époque des sentiments et de la spéculation est révolue. Si les sorciers et les notables devaient flatter les chefs de l'IN parce que les territoires appartenaient à ces derniers comme bien privé, la mission belge au Congo selon la volonté du Très-Haut, Mvidi-Mukulu, a aboli cette privatisation par la démocratisation du pouvoir. Il existe aujourd'hui selon sa volonté son Etat et cet Etat n'est pas la propriété privée d'un individu et encore mois du diable. Etre chef et dirigeant de l'Etat est devenu une fonction publique ; fonction sous-entend raison et non sentiments et flatteries.

Dans le nouvel Etat, tous les citoyens ont les mêmes droits devant l'Etat et non devant un individu. C'est ce qu'on appelle Etat de droit. L'ancien monde de l'IN des empires et des royaumes qui se battent est révolu. Il a fait place à un Etat basé sur la raison selon la volonté du Très-Haut, Mvidi-Mukulu, qui est Raison.

C'est un savoir scientifique dans un esprit scientifique qu'il nous faut au Zaïre. Ce sont des savants qu'il nous faut, des savants en sciences humaines, en sciences naturelles et en sciences exactes. Depuis quand on fait des recherches en sciences avec la sorcellerie ? Est-ce que tous les mangeurs de cuivre étaient des sorciers ? fallait-il la sorcellerie pour fabriquer une flèche ? Qui inspirait les sorciers ? La sorcellerie a été un instrument de domination comme l'Inquisition mise au point par l'IC pour dominer des paisibles gens. La sorcellerie est une spéculation diabolique pour nuire et dominer des paisibles gens afin de sauvegarder leur potentat, leur caste et la hiérarchie. Elle n'est rien devant le Christ, le fils du Très-Haut, Mvidi-Mukulu.

Un savoir sorcier dans un esprit sorcier, voilà ce que souhaite tous ceux qui ont soif de gloriette. Le philosophe et l'homme de science doit combattre cet esprit sorcier, cet esprit idéaliste passif où est tombé l'IC. Il est philosophe, il est homme de science pour découvrir, créer, inventer, innover, et non pour se disputer une place avec un collègue à coups de sorcellerie. Si la licence et le doctorat nous conduisent à la sorcellerie, la science ici chez nous est condamnée à périr parce que la science se développe dans un esprit scientifique rationnel et non dans un esprit sorcier irrationnel. Avec la sorcellerie, on finira par distribuer des licences et des doctorats au Zaïre.

La gloire pour un homme de science, c'est son laboratoire et non le siège qu'il occupe ou la fonction qu'il assume à l'université ou dans une institution scientifique. Pour les grands hommes de l'histoire, l'occupation d'un siège dans un organisme scientifique n'est qu'une chose secondaire. Ce qui importe le plus, c'est son laboratoire, ce même laboratoire qui l'a conduit à l'occupation d'un siège.

On va des hommes de sciences allait au laboratoire d'un sorcier non pas pour découvrir, inventer ou innover mais pour occuper un siège. C'est la misère de la science. La gloire est une conséquence heureuse d'un haut fait. Si l'occupation d'un siège important est un haut fait, c'est malheureux. Caligula n'a pas hésité à nommer son cheval consul.

Ils sont petits ces faux hommes de sciences qui recherchent à coup de sorcellerie un poste important qui est bien rémunéré. Et avec ce ''beaucoup d'argent, ils se livrent à la spéculation, la corruption et la prostitution pour passer le temps. L'homme de science au Zaïre est un dolce farniente. Ce n'est pas avec la spéculation, la corruption et la prostitution que l'on fera du Zaïre une puissance capable rendre le zaïrois heureux.

Les gendarmes ou policiers zaïrois violent nos filles dans les cachots, les hommes de sciences qui ont beaucoup de sous violent nos filles dans les hôtels. L'homme de science viole la fille du gendarme à l'hôtel et le gendarme viole la fille de l'homme de science au cachot. Tiers monde, tiers esprit ! C'est triste. Ce sont tous des obsédés sexuels et des assoiffés de postes importants. Voilà l'ambition d'un idéaliste noir.

Est-ce que à cette allure, l'IC parviendra-t-elle à convertir l'IN en IC ? Parviendra-t-il à convertir le sorcier ? Puisse que le sorcier est l'agent principal du chef de l'IN, et aujourd'hui de l'homme de science. Pour supprimer le sorcier, il faut d'abord supprimer le chef de l'IN et l'homme de science qui l'entretiennent. L'Etat souffre. En occident la misère ramène l'homme à la foi ; en Afrique noire la misère conduit l'homme chez le sorcier.

Dans son livre '' La philosophie bantoue '', ce que le Père Tempels dit de la misère et de la souffrance qui ramène l'européen à la foi est peut-être juste étant donné que je ne l'ai jamais vérifié mais ce qu'il dit de la misère qui ramène le noir aux pratiques ancestrales, à l'IN, est incomplet et sciemment incomplet :

> « On a souvent constaté qu'un Européen, qui avait abandonné en cours de sa vie toute pratique religieuse chrétienne, revienne aisément à l'attitude chrétienne lorsque la souffrance ou l'agonie soulève le problème de la conservation et de la survie, ou de la perte et de la destruction de son être. Beaucoup de sceptiques ne reviennent-ils pas, à l'article de la mort, chercher, dans la sagesse chrétienne occidentale la solution pratique du problème de la rédemption ou de la damnation. La souffrance et la mort sont toujours les deux apôtres qui, en Europe, ramènent, à l'ultime moment, bien des égarés aux principes de vie de notre tradition chrétienne.
>
> De même voyons-nous tant de nos Bantous, évolués civilisés, voire chrétiens, qui retournent à leur attitude ancienne, chaque fois qu'ils sont sous l'emprise des

> ennuis, du danger ou de la souffrance. C'est parce que leurs ancêtres leur ont laissé leur solution pratique du grand problème humain, du problème de la vie et de la mort, de la salvation ou de la destruction. Des nombreux Bantous, trop superficiellement convertis ou civilisés, retournent doc poussés par une force déterminante, aux comportement et conceptions hérités de leurs ancêtres qui est leur atavisme. Chez les Bantous, et vraisemblablement chez tous les peuples primitifs, la vie et la mort sont les grands apôtres de la fidélité aux conceptions et du recours aux pratiques magiques traditionnelles

Tempels dit bien que la misère et la souffrance ramènent l'Européen à la foi ; il ne dit pas par contre que l'opulence ramène l'Européen à la foi. Il dit bien que la misère ramène le noir aux pratiques ancestrales. Voulait-il dire alors que l'opulence qui ne conduit peut-être pas l'Européen à la foi conduirait nécessairement le noir à la foi ? Et le chef coutumier et son sorcier et ses notables qui vivaient dans l'opulence, pourquoi ne se convertissaient-ils pas à la foi ? Ou bien Tempels a omis sciemment de distinguer la sorcellerie des pratiques ancestrales.

Si les pratiques ancestrales chez les noirs sont l'équivalent de la foi chez les Européens, à quoi Tempels compare-t-il la sorcellerie des Noirs en Europe ? Existe-t-il une sorcellerie en Europe ? Ceux qui n'ont pas de foi en Europe, seraient-ils des adeptes de cette sorcellerie ? Si le noir opulent va trouver le sorcier afin de sauvegarder ses biens, ses intérêts et ses privilèges, l'européen opulent va trouver quel type d'homme pour sauvegarder ses biens, ses intérêts et ses privilèges ? Un sorcier ? La Maçonnerie ? La religion, c'est pour le misérable et pour l'opulent. Pour l'un c'est la résignation à la souffrance et pour l'autre c'est la protection de ses biens.

On voit bien que Tempels a peur de nous parler de la raison, et surtout pas de la raison dialectique. Il a peur de nous dire que la grande terreur en Europe c'est la raison, c'est la philosophie matérialiste qui se veut humaine, socialiste, scientifique et raisonnable. La philosophie idéaliste de Platon et Aristote, un idéalisme passif, soutient l'esclavage. Elle n'est qu'une spéculation pour sauvegarder des privilèges, des intérêts égoïstes, l'esclavage, l'exploitation de l'homme par l'homme.

Ce n'est pas à la raison qui fait le progrès de l'Europe que l'opulent idéaliste européen se livre pendant que l'opulent idéaliste noir se livre à la sorcellerie. Le noir, homme de science et artiste, cherche à renforcer ses aptitudes et ses capacités non pas au moyen de la raison mais au moyen de la sorcellerie.

Si l'européen refuse au concurrent cycliste d'utiliser un doping parce que c'est de la tricherie, au Zaïre par contre toutes les équipes de football ont un grand sorcier de l'équipe. Ce dernier joue un rôle plus grand que celui de l'entraîneur de l'équipe. Sans sorcellerie, l'équipe ou le compétiteur croit qu'il va perdre. Au lieu de défendre aux équipes et aux compétiteurs qui recourent à la sorcellerie et de prendre des sanctions sévères à leur endroit, les organisateurs de compétitions, parce qu'ayant recouru eux-mêmes à la sorcellerie pour devenir organisateur de compétition, encouragent la sorcellerie.

La sorcellerie serait alors l'élément de réussite dans les compétitions de football. On voit des éléments très valables qui se sont livrés à la boisson les mains et les pieds liés et ont malheureusement fondu comme glace au soleil se livrer à la sorcellerie pour remédier à leur déchéance. Pauvres naïfs ! du moment où ils devenaient une éponge dégoulinant d'alcool, la sorcellerie ne peut rien pour eux sinon les appauvrir davantage en leur raflant leurs économies.

Si les footballeurs zaïrois ne savent pas que l'alcool émousse le talent, ils sont malheureux ; qu'ils continuent à croire le sorcier qui les trompe en les persuadant qu'un coéquipier leur a jeté quelque sortilège, afin de leur ravir le peu d'économie qui leur reste. Le sorcier profite de l'angoisse de sa victime. La sorcellerie fait des ravages non seulement dans le secteur de football mais aussi dans tous les secteurs professionnels. C'est pour le zaïrois un moyen pour augmenter ses aptitudes et ses capacités pour se retrouver. C'est triste.

Voilà maintenant plus de soixante-seize ans que l'esprit catholique combat l'esprit sorcier, mais sans aucun changement. Est-ce que les théologiens que l'on fabrique au Département de philosophie arriveraient-ils à mettre fin à l'esprit sorcier ? Il ne faut pas confondre un Etat avec une assemblée de gens que l'on appelle catho-liques. Quand une religion forme ses prêtres, ce n'est pas pour l'Etat mais pour cette religion et ses ambitions. Il faut qu'elles soient nobles.

On fabrique à l'UNAZA à Lubumbashi des théologiens pour l'IC et non pour l'Etat. Le Département de philosophie appartient à l'Etat et non à l'IC. Est-ce que l'Etat a besoin qu'on lui fabrique des théologiens soi-disant des philosophes ? On se moque de l'Etat parce que l'Etat se trouve emporté dans le combat de l'IN et l'IC et ne sait pas en quoi peut lui servir la philosophie du fait que la philosophie au Zaïre est prisonnière de l'IC.

Il y a deux sortes d'universités depuis le 16ème siècle : d'une part les universités à obédience religieuse comme La Sorbonne, Louvain et sa petite-fille Lovanium de monseigneur Gilon, et d'autre part les universités officielles comme celle de Belgique et son petit-fils La Kasapa initiée par le ministre belge Buisseret. Quelle divergence y a-t-il entre les deux sortes d'universités ? Les universités religieuses théologiques reviennent à des religions, prônent la foi et traitent le matérialisme de philosophisme tandis que les universités officielles socialistes reviennent à des Etats, prônent la raison et vénèrent le matérialisme, solution sûre aux problèmes sociaux.

Matérialisme ne signifie pas tuer tous les chrétiens comme le disent les prêtres catholiques. C'est archi-faux. C'est un gros mensonge de l'IC. L'Eglise catholique n'aime pas le Premier ministre Lumumba parce qu'il a voulu commander en URSS socialiste et matérialiste des avions de guerre pour attaquer et récupérer le Katanga cesséssioniste. Quand les idéalistes capitalistes l'ont tué, l'Eglise catholique était très contente comme elle était très contente quand elle a tué Galilée. C'est méchant. Elle avait chanté le Te Deum.

Dans son rationalisme, la philosophie matérialiste active mettra fin à l'IN, l'IC et la sorcellerie en installant au pays la dialectique entre l'idéalisme et le matérialisme comme Mao Tsé Toung l'a fait en Chine pour sortir le peuple chinois du gouffre de la pauvreté et la misère noire. Pour sortir le peuple zaïrois du gouffre de la pauvreté et la misère noire, le Zaïre a grandement besoin de cette dialectique que l'IC étouffe à l'université au Département de philosophie en traitant le matérialisme de philosophisme et en fabriquant des petits théologiens à la place des vrais philosophes. Ils sont sophistes ces tenants de l'IC.

Il faut remercier l'Eglise catholique d'avoir traduit la Bible dans les quatre langues nationales. Un Etat repose sur quatre nationales qui font son unité et sa force quand elles sont puissantes, à savoir le territoire national, l'armée nationale, la monnaie nationale et la langue nationale. C'est une grande victoire sur l'IN. Les quatre langues nationales, vu la grandeur du Zaïre, font la fierté et la dignité du pays. Il s'agit du swahili à l'est, du tshiluba au centre, du lingala et kikongo à l'ouest du pays.

La langue est le départ de toute indépendance et de toute liberté. Raison pour laquelle, les Français qui étaient civilisés par le Romains ont abandonné le latin considéré comme langue des érudits pour créer leur propre langue le français. Raison pour laquelle les Américains parlent américain et non anglais, les Canadiens le canadien et non le français. Coup de chapeau à nos voisins Tanzaniens qui ont adopté le swahili qui n'est pas une langue d'une tribu de la Tanzanie. Le swahili est une langue riche d'origine arabe.

Au Zaïre, le swahili est devenu zaïrois, c'est-à-dire qu'il s'est enrichi au contact des langues zaïroises. Il a été adopté par l'Union Minière du Haut Katanga, UMHK en sigle, pour ses agents qui sont un mélange des tribus dont un grand nombre les baluba du Kasaï à qui revient le concept bantou, bantu en tshiluba, pluriel de muntu qui signifie homme. Le suffixe ''ntu'' signifie être d'où est venue l'ontologie bantoue et la philosophie bantoue de l'être est force parce que pour les bantous du Kasaï que le Père Tempels a analysés dans la cité minière de Kolwezi au Katanga, l'être = force.

Le swahili des toutes les cités minières de l'UMHK a acquis ce que les autres langues du monde n'ont pas : le manque de ton. Il se parle sur un même ton. Cela permet à celui qui le parle d'apprendre facilement les autres langues et de les parler correctement. Ce swahili est quelque peu différent du swahili de la province du Kivu et de la province Orientale. C'est tout l'est du Zaïre qui par swahili en tant que langue nationale zaïroise. Le swahili a tous les atouts pour être une interafricaine.

> « En attendant de nous exprimer dans les langues africaines, de faire de nos langues des langues interafricaines, puis internationales. Il serait souhaitable que l'intellectuel zaïrois sache s'exprimer en Ouolof ou en Yoruba. Le swahili est peut-être la langue africaine la plus importante. Elle est parlée par 40 millions de

> personnes, il y a déjà lieu de dialoguer, de créer en Afrique des relations horizontales entre penseurs africains, d'engager entre penseurs africains un débat vivant ».[62]

Vous voyez bien que ce problème de langue n'a absolument rien à voir avec la théologie que l'on étudie en cachette au Département de philosophie de l'UNAZA. Demandez à un soi-disant philosophe de l'UNAZA ce qu'il sait de la méthode dialectique qui a dépassé depuis longtemps la méthode cartésienne. Il en sait rien. Que sait-il alors ? Il connaît Platon, Aristote, la Scolastique, Descartes ; Descartes, parce que il a soi-disant prouver l'existence de Dieu. Il ne connaît pas Blaise Pascal parce qu'il est devenu…alors que la philosophie hérite de lui des réflexions sans précédent comme ''le cœur a ses raisons que la raison ne connaît pas'' qui limite la raison dans sa conquête rationaliste, comme '' Vous avez tout à gagner et rien à perdre, si vous gagner vous gagnez tout et si vous perdez vous ne perdez rien, croyez en Dieu '', contre les athées.

Pourquoi les idéalistes catholiques tiennent à tout prix à prouver l'existence de Dieu ? Ils nient le fondement de leur religion, la Révélation ; le Seigneur s'est révélé à la nation juive que l'IC n'aime pas soi-disant que les juifs ont tué le Christ afin de leur arracher le christianisme impérialisé par les empereurs romains Constantin et… après rejeté le paganisme latin. Ils n'ont plus voulu des dieux latins mais ils ont gardé d'eux la langue latine. C'est un pied dedans un pied dehors.

Quand la théologie imite la philosophie ou se croit supérieure à la philosophie, elle spécule. Patrocle avait mis l'armure d'Achille mais il n'est pas devenu Achille. Hector l'a tué. Ou bien c'est la foi ou bien c'est la raison. Il faut choisir. Le Département de philosophie n'aime pas la voie de la raison. C'est normal parce que c'est un grand séminaire camouflé. Il a peur et n'aime pas le matérialisme. Voici la réaction d'un étudiant matérialiste :

> « … en acceptant qu'une tendance on donne l'impression que la philosophie n'est que cela. En accentuant la tendance idéaliste on peut donner le dégout de la philosophie ».[63]

La chose s'est passée au tout premier colloque de philosophie qui a eu lieu du 1er au 4 juin 1973 à Kiswishi. Au cours d'un débat, un étudiant a fait cette remarque citée haut concernant l'idéalisme. On l'a écouté mais personne n'a répondu à sa préoccupation. C'était comme un poil tombé dans une soupe. Que pouvait signifier ce silence ? Aucun professeur n'a répondu à cet étudiant parce que tous les professeurs étaient idéalistes.

Il n'y avait pas un défenseur valable du matérialisme à ce colloque de Kiswishi. Il y avait des prêtres catholiques dans le rang des professeurs et des grands séminaristes catholiques parmi les étudiants. Le colloque n'a été qu'une grande spéculation idéaliste qui, au lieu de chercher le ''le comment de philosophie au Zaïre'' a cherché ''le pourquoi

---

[6262] Pourquoi la philosophie en Afrique ? Rapport complet des Journées philosophiques tenues à Kiswishi du 1er au 4 juin 1973, Publ. Univers. Du Département de philosophie de l'UNAZA, Lubumbashi 1973, p. 49

[63] Idem p. 86

de philosophie en Afrique''. On a tellement spéculé que l'on est arrivé à se demander s'il ne fallait pas rejeter la philosophie occidentale ou tout simplement à supprimer le terme philosophie :

> « Le terme philosophie est impropre parce qu'il appartient à la civilisation occidentale ». [64]

Ce malaise philosophique inconscient est en vérité le refus de la théologie que l'on enseigne au Département de philosophie à l'université de la Kasapa à Lubumbashi. Il faut entendre théologie occidentale à la place de philosophie occidentale. Le terme philosophie est en effet impropre non pas parce que ce n'est pas la philosophie que l'on enseigne à Lubumbashi mais plutôt la théologie. Et cette théologie n'est pas à l'intérêt de l'Etat zaïrois, mokolo mabele, mais à l'intérêt de l'IC qui encourage sur terrain la spéculation à la place de la réflexion critique, et ses conséquences très fâcheuses la corruption, la prostitution ainsi que la sorcellerie.

4. Le péché du manuel de philosophie de sixième des Humanités intitulé Ini--tiation philosophique[65].

A l'orée du 21ème siècle, le pape Jean-Paul II a demandé pardon pour tout le mal commis par l'Eglise catholique. Il est à regretter que ce mal continue au Zaïre avec l'enseignement de la philosophie en sixième des Humanités. La pédagogie catholique au Zaïre ne tient pas compte du pardon demandé par le pape Jean-Paul II. Initiation philosophique, le manuel de philosophie de sixième des Humanités a été écrit par deux prêtres catholiques à savoir Jules Dubois et Luc Van den Wijngaert. Ce manuel est un trac qui étouffe la philosophie au Zaïre. Il pèche contre l'honnêteté intellectuelle. Il ne favorise pas au Zaïre la renaissance de la philosophie après le colonialisme dominé par le catholicisme. La Renaissance a occasionné en France la renaissance de la philosophie que le Moyen-âge dominé par le catholicisme a embrassée pour l'étouffer.

Dans les trois dernières pages d'Initiation philosophique, les deux auteurs, Jules Dubois et Luc Van den Wijngaert, donnent la liste de matières à enseigner et le temps que doivent prendre l'introduction et les chapitres :

- Intoduction : 4 heures
- Socrate :4 heures
- Descartes : 4heures
- La philosophie existentialiste
  - * introduction : 4 heures
  - * G. Marcel : 6 heures
  - *J.P. Sartre : 3 heures
- Sciences et philosophies : 2 heures
- Pensée africaine : + ou - : 4 heures

---

[64] Pourquoi la philosophie en Afrique ? Rapport complet des Journées philosophiques tenues à Kiswishi du 1er au 4 juin 1973, Publ. Univers. Du Département de philosophie de l'UNAZA, L'shi 1973, p. 68

[65]jules Dubois & Luc Van den Wijngaert, Initiation philosophique,

- Logique
    * logique formelle : 10 heures
    * logique des sciences : 8 heures
- Psychologie : 10 heures

L'importance de 6 heures de temps accordées à Gabriel Marcel qui est foncièrement catholique montre que le manuel scolaire Initiation philosophique de Jules Dubois et Luc Van den Wijngaert est un trac qui étouffe la renaissance de la philosophie au Zaïre. C'est une malhonnêteté et un crime intellectuel qui accorde 3 heures de temps à Jean-Paul Sartre et + ou – 4 heures de temps à la Pensée africaine. Quels sont le contexte historique et l'importance de la philosophie de Gabriel Marcel, de celle de Jean-Paul, de celle de la Pensée africaine et même de celle des matérialistes que les catholiques appellent philosophisme ? En lisant entre les lignes d'Initiation philosophique que c'est une plaidoirie dialectique catholique contre les tenants de la philosophie qui cherchent depuis l'antiquité égyptienne une justice égale et une égalité juste entre tous les hommes. La Pensée humaine a un contexte et une histoire à chaque époque :

- « …., enfin inquiétude d'une époque troublée, angoissée, qui aboutit aux drames des années 39-45 et qui pose aux esprits, plus cruellement que jamais, la question de la destinée de l'homme. C'est bien ce dernier problème que tentent de résoudre des courants philosophiques tel que le « matérialisme dialectique » des marxistes d'une part et de l'autre l'existentialisme sous forme chrétienne (G. Marcel, L. Lavelle) ou athée (J.P. Sartre)[66]

Que pensent Jules Dubois et Luc Van den Wijngaert de la philosophie de G. Marcel ?

- Marquée par les circonstances, son œuvre courageuse signale sans relâche les exagérations ou les travers de son époque.
- La philosophie de G. Marcel est de nature à nous aider beaucoup à tel ou tel moment de notre itinéraire spirituel[67]

Que pensent Jules Dubois et Luc Van den Wijngaert de la philosophie de J.P. Sartre ?

- Si Sartre a bien marqué l'ineffable grandeur de l'homme libre et responsable, son erreur est d'avoir pris l'étape pour la fin, la libération pour la liberté[68].

Que pensent Jules Dubois et Luc Van den Wijngaert de la Pensée africaine ?

- En 1945, le Père Placide Tempels publie la Philosophie bantoue. Le livre est essentiellement une réaction contre un courant de pensée selon lequel la mentalité dite primitive était qualifiée de « pré-logique » signifiant implicitement par-là l'inaptitude à la réflexion et partant à la philosophie[69]

---

[66] Jacques Gob, Pages classiques des écrivains français des origines à nos jours, Edition A Deboeck-Bruxelles, p. 477
[67] Jules Dubois et Luc Van den Wijngaert, Initiation philosophique, p. 83
[68] Idem p. 95
[69] Idem p. 120

Que pensent Jules Dubois et Luc Van den Wijngaert d'un philosophe ?

- De Socrate à nos contemporains nous avons vu que tous les philosophes étaient passionnément attachés à la recherche de la Vérité. Et qu'ils s'attaquaient courageusement, parfois au péril de leur vie, à tout ce qui entravait cette quête : préjugés, opinions, conformisme, convention…bref à toutes les formes de mensonges et d'atteinte à la liberté[70].

Que pensent Jules Dubois et Luc Van den Wijngaert des matérialistes et du matérialisme ?

- *en philosophie :* doctrine selon laquelle la matière constitue la réalité fondamentale et première, l'esprit n'étant lui-même qu'un dérivé de la matière. Le matérialisme s'oppose au spiritualisme
  sens courant : attitude ou doctrine orientée vers la recherche des biens matériels (richesse, bien-être, etc)[71]

Quelle est la destinée de l'homme pour G. Marcel, pour J.P. Sartre, pour la Pensée africaine, pour les matérialistes et pour le philosophe ? La réponse est claire : « s'attaquer courageusement, parfois au péril de leur vie, à tout ce qui entrave la vérité sur la destinée de l'homme, bref à toutes formes de mensonge et d'atteinte à la liberté ». Depuis l'antiquité égyptienne, le philosophe cherche une justice égale et une égalité juste pour tous les hommes dans la vie sociale. La liberté fait de l'homme un pour-soi dans la vie sociale. Sans liberté, l'homme est un salaud, un en-soi dans la vie sociale. Le philosophe cherche le comment de l'homme dans la vie sociale et non le pourquoi de l'homme, l'au-delà, le paradis et le Ciel. Claude Bernard nous l'explique clairement dans son texte Science et philosophie. Les théologiens qui prétendent chercher le comment et même le pourquoi du Créateur ont tués les hommes des sciences qui ont dit des vérités et ont traité d'athées les philosophes qui ont combattu la monarchie et ont assis la république pour le bien-être social, matériel et spirituel de l'homme. Le matérialisme et la sociologie d'Auguste Comte en tant que philosophies ont engendré le socialisme et les sciences sociales.

> « Effet, au point de vue scientifique, la philosophie représente l'aspiration éternelle de la raison humaine vers la connaissance de l'inconnu. Dès lors les philosophes se tiennent toujours dans les questions en controverse et dans les régions élevées, limites supérieures des sciences.
> ……Selon moi, le véritable esprit philosophique est celui dont les aspirations élevées fécondent les sciences en les entraînant à la recherche de vérités qui sont actuellement en dehors d'elles, mais qui ne doivent pas être délaissées par cela même qu'elles s'éloignent et s'élèvent de plus en plus à mesure qu'elles sont abordées par des esprits philosophiques plus puissants et plus délicats ».[72]

---

[70] Idem p. 110
[71] Idem p. 343
[72] Jacques Gob, Pages classiques des écrivains français des origines à nos jours, Edition A Deboeck-Bruxelles, p

Nos deux auteurs d'Initiation philosophique n'ont pas à privilégier Gabriel Marcel parce qu'il est catholique et que Jean-Paul Sartre, les Bantous et les matérialistes ne le sont pas, soi-disant que la philosophie de Gabriel Marcel peut nous aider, que la philosophie de Jean-Paul Sartre a une erreur, que la Philosophie bantoue est prélogique, inapte à la réflexion logique, à la philosophie, que le matérialisme s'oppose au spiritualisme, que les matérialistes cherchent les biens matériels (richesse, le bien-être, etc.).

Voilà en quoi Initiation philosophique des finalistes des Humanistes est un trac et une malhonnêteté intellectuelle qui pèche contre la dialectique. S'il y a le pour il y a aussi le contre qui vous dit la vérité sur vos erreurs. On ne tue jamais son contraire. C'est un miroir à partir duquel on rectifie ses déviations. Les déviations de soi-disant spiritualistes sont dénoncées par les matérialistes. L'apostasie est une réalité. On ne doit pas se voiler les yeux. C'est pourquoi il y a eu la Réforme de Martin Luther.

La foi n'est pas le contraire de la raison. En tuant Galilée et Copernic, la foi a tué la raison, la vérité. Pourquoi croire que la raison et la vérité matérielle sont vicieuses et que la foi et la vérité spirituelle sont vertueuses. Est-ce que le diable qui est un vrai être spirituel est vertueux ? Il y a le spiritualisme négatif du Diable qui combat le spiritualisme positif du Saint Esprit. C'est une dialectique. La victoire est toujours du côté de la vérité et non du côté du mensonge. Tout ce qui brille dedans n'est pas or.

Nos deux auteurs d'Initiation philosophique sont en train de défendre une tendance philosophique qui date du 13ème siècle avec la fondation en 1257 du Collège de la Sorbonne qui est une institution privée, religieuse qui contrarie une autre tendance philosophique qui date du 16ème siècle avec la fondation du Collège Royal en 1529 qui est une institution officielle, laïque provenant de l'Antiquité et de la Renaissance en Occident. Quelle est l'histoire de ces deux tendances contraires ?

En 1257, Robert de Sorbonne, aumônier de Louis IX ou saint Louis, fonde la Sorbonne. C'est un établissement d'enseignement supérieur à Paris pour faciliter aux étudiants pauvres les études théologiques. Ils habitent dans un collège, un home où ils trouvaient du logis et des couverts grâce à des personnes charitables.

L'étudiant parisien entre à 13 ans à la faculté des arts libéraux pour apprendre trois matières littéraires (grammaire, art de bien écrire et art de bien raisonner) et 4 matières scientifiques (arithmétique, géométrie, astronomie, musique). Au bout de six ans, il peut se spécialiser dans l'une de trois facultés qui correspondent à notre enseignement de théologie, droit, médecine.

Au 15ème siècle, voulant échapper à la tutelle de l'évêque et du prévôt de Paris, les maîtres et les étudiants devenus très nombreux s'associent en corporation qui prend le nom d'université. L'université est protégée par le pape. Jusqu'aujourd'hui, la Sorbonne est une grande université d'obédience catholique où s'aligne Gabriel Marcel pour défendre la théologie dont la philosophie scolastique est la servante. Pour avoir

---

498

combattu avoir mis fin à l'ardeur de la philosophie scolastique, Descartes a été traité d'athée.

Avant la raison, il y a l'intuition ou l'inspiration. La raison n'est pas le contraire de la foi qui tient de la prophétie. Elle tient de l'intuition ou l'inspiration. La muse inspire le poète. Il y a un ange qui m'inspire. Il s'appelle Anjelu Lukusa. C'est un ange noir. Il n'y a pas que des anges blancs, il y a aussi des anges jaunes et des anges rouges conformément aux quatre races humaines. Le Seigneur est pour une justice égale et une égalité juste pour les quatre races humaines.

En 1515, François Ier, roi de France, avec sa sœur Marguerite, reine de Navarre, secondent le mouvement de la Renaissance de l'Antiquité. Ils protègent les savants, les lettres et les artistes. Il fonde l'imprimerie nationale. Il attire en France Léonard de Vinci, Benvenuto, Cellini et Le Primatice. Il collectionne les chefs d'œuvres de l'art italien. Il soutient les humanistes contre l'hostilité de la Sorbonne et les universités catholiques qui voyaient dans l'étude savante de l'Antiquité un danger pour la foi.

En 1529, François Ier, roi de France, fonde sous l'influence de l'humaniste Guillaume Budé le Collège Royal pour l'enseignement gratuit du grec, du latin et de l'hébreu hors de la tutelle de la Sorbonne. Ce collège est devenu le Collège de France, consacré aux recherches scientifiques les plus hautes. Le mouvement des idées est très vif. On rêve de réaliser à la lumière de la raison et des connaissances empruntées à l'Italie et à la Grèce l'idéal de l'homme complet[73].

C'est dans cet optique de l'homme complet qu'il faut aligner Jean-Paul Sartre qui a préfacé le livre de Lumumba pour l'idéal de l'homme complet au Zaïre. C'est un prix Nobel. Il faut lui reconnaître ses mérites et ne pas le discréditer en disant qu'il a commis une erreur pour induire en erreur les finalistes de sixième des Humanités. Quel est alors l'erreur de Mao Tsé Toung qui a fait de la Chine une très grande puissance et un pays où il fait beau vivre ? Il a réuni tous les prolétaires chinois ; ils ont renversé la monarchie chinoise ; ils ont créé la république chinoise qui fait la joie de tous les chinois.

En 1534, François Ier, roi de France, d'abord tolérant envers la Réforme, choisit la répression après l'Affaires des Placards. En 1539, François Ier, roi de France, substitue le français au latin dans les jugements, actes notaires et registres d'Etat civil. Quel est alors l'erreur de François Ier, roi de France ? Vatican s'accroche au latin parce que c'est la langue du Saint Empire Romain qui continue à travers le catholicisme.

Gabriel Marcel (6heures) et Jean-Paul Sartre (3heures) se trouvent dans un contexte historique qui éveille, donne goût et vie à la philosophie, fait voir à quoi servent la philosophie et les philosophes. En enseignant le contexte historique de la philosophie

[73] Jacques Gob, Pages classiques des écrivains français des origines à nos jours, Edition A Deboeck-Bruxelles, p. 63

aux finalistes des Humanités, on pratique la méthode socratique qui les amènera à comprendre et à connaître par eux-mêmes ce qu'est la philosophie et à quoi il sert.

Il n'est pas bon de mettre des œillères aux élèves pour qu'ils ne voient que la tendance philosophique des universités catholiques. C'est une tendance qui a tué froidement Galilée et Copernic pour avoir dit la vérité. Si la philosophie est la recherche de la vérité, pourquoi alors tuer des savants qui disent la vérité. Les finalistes des Humanités sont des Mozarts assassinés, des jeunes gens que l'on introduit dans un labyrinthe philosophique sans fil d'Ariane pour les sacrifier à la tendance philosophique catholique, à la scolastique. Qui est le minotaure ?

Quand on consacre + ou – 4heures pour dire aux finalistes des Humanités que la Pensée bantoue est prélogique, inapte à la philosophie et que Gabriel Marcel peut les aider beaucoup à tel ou tel moment de leur itinéraire spirituel qui est différent de leur itinéraire philosophique, pour dire qu'il y a erreur dans la philosophie de Sartre ; on veut tout simplement leur dire que la philosophie bantoue ne sert à rien, qu'il faut suivre, être disciple de Gabriel Marcel.

Quand le Père Tempels a publié la Philosophie bantoue, Vatican a boudé le livre. Imprimatur a refusé de le publier, et c'est Présence Africaine qui l'a publié pour ouvrir la porte de la philosophie aux intellectuels africains. Il s'en est suivi deux vagues d'intellectuels philosophes africains devant ce concept de philosophie bantoue. La première vague est celle des prêtres catholiques dont le ténor est le rwandais Alexis Kagame. Ils sont allés dans le sens de Tempels en mettant l'accent sur l'ontologie bantoue qui distingue deux sortes de '' ntu '', à savoir les hommes et les choses. La deuxième vague de philosophes africains compte des éminents professeurs d'université. Ils sont allés dans le sens de la critique qui dénote un doute et se demande ce qu'est la philosophie. Les plus représentatifs sont Crahay, Houtondji, Eboussi, Towa, Njoh Mouellé.

A quelles conditions une philosophie africaine pourrait s'instaurer ? Crahay suggère quelques propositions concrètes :

- un personnel qualifié
- un décollage conceptuel
- éviter le court-circuit et le culte de la différence
- la liberté d'expression
- une écriture[74]

A la question de savoir s'il existe une littérature philosophique africaine, le professeur Hountondji répond par l'affirmative et la définit : l'ensemble des textes écrits par des africains et qualifiés par leurs auteurs eux-mêmes de « philosophie »[75]

[74] Jules Dubois et Luc Van den Wijngaert, Initiation philosophique, p. 126

[75] Idem p. 126

Marcien Towa dit : « nous devons résoudre nos problèmes philosophiques actuels par un effort d'élucidation de notre actuel rapport au monde. Le monde actuel n'étant plus celui dans lequel ont vécu les ancêtres, leur conception du monde ne saurait être le nôtre. Nous devons parvenir à une appréhension et une expression philosophique de notre-être-dans-le monde ».[76]

Je me trouve dans la troisième vague avec ma thèse philosophique de l'être est mélange devant remplacer la thèse philosophique de Père Tempels de l'être est force. Je suis d'accord avec Marcien Towa quand il dit que nous devons résoudre nos problèmes philosophiques actuels que j'appelle des énigmes philosophiques par un effort d'élucidation de notre actuel rapport au monde.

Je suis de la troisième promotion des licenciés en philosophie de l'Université Nationale Zaïre, UNAZA en sigle. Tous mes collègues de promotion, une trentaine, venaient des petits séminaires catholiques pour devenir prêtres. J'étais le seul qui venais d'un collège et l'on me demandait pour devenir qui. Je répondais pour devenir un philosophe. Après deux ans de candidature et deux ans de licence, j'ai obtenu en 1974 mon diplôme de licencié en philosophie. J'étais le seul à avoir fait l'option linguistique à la place de l'option logique avec le professeur Kamulete. A l'université, j'ai eu comme professeurs : Paulin Hountondji, Laleyé, Père Smet, Van Parys, Mulumba wa Mulumba, le mathématicien Porte.

L'idée m'est venu d'écrire un livre : Idéalisme et matérialisme au Zaïre. En fait, on ne m'a pas enseigné le matérialisme et Karl Max sur le banc de l'université. J'ai trouvé que l'on a tronqué mes études philosophiques et ça me déplaisait. Je suis devenu professeur à l'Athénée de lingwala. Quelques élèves de math-physique m'ont proposé de chapeauter un club électronique qu'ils voulaient créer. J'ai refusé parce que je suis licencié en Lettres. Ils ont insisté ne voulant pas de leur professeur de physique.

Comme ils continuaient à insister soi-disant que je connaissais tout, une inspiration divine m'est venue. Je leur ai proposé de faire d'eux des poètes avec la doctrine mélangiste. A ma grande surprise, ils ont accepté. On a créé un salon littéraire la Confrérie des Jeunes Ecrivains, CJE en sigle, dont j'étais doyen, et l'école littéraire les Abeilles qui, comme les abeilles qui mélangent les sucs des fleurs pour faire leur miel, mélangeront les quatre langues nationales avec le français pour créer leur propre langue littéraire. On a écrit un manifeste et on a écrit des beaux poèmes mélangistes que l'on déclamait dans notre troupe récital les Nzoi.

Voilà d'où est venue la philosophie mélangiste, la doctrine de l'homogénéité, la philosophie de conception et de création ontologique, la philosophie de cohésion et de cohérence logique, la philosophie de communion et de perfection éthique, la philosophie de connaissance et puissance épistémologique, la philosophie de l'être est mélange, de

---

[76] Idem p. 127

l'équation mélangiste. On l'a appliquée à la langue qui est un être vivant. Les êtres étant des mélanges et non des forces comme le pensaient nos ancêtres.

Conclusion

Il y a d'une part l'IC et la théologie et d'autre part l'IN et les pratiques ancestrales qu'accompagne la sorcellerie. Ces deux conceptions philosophiques idéalistes ont chacune une morale rigide qui plie et tord l'homme comme si elle pliait et tordait une barre de fer pour le rendre rigide, une morale qui le soumettrait à des forces invisibles et le transformerait en un robot leur obéissant sans mot dire.

Ces deux morales rigides, parce que n'évoluant pas dans le temps et dans l'espace, rendent l'homme rigide de telle sorte qu'il ne peut évoluer. Ces deux morales sont sans pitié. Engagez-vous dedans avec un fil d'Ariane pour que, le moment venu pour faire marche arrière, vous puissiez rebrousser chemin, sinon vous vous perdez dedans comme dans un labyrinthe où vous finirez par rencontrer le Minotaure après vous avoir conduit vers ce monstre impitoyable qui va s'offrir votre sang.

La chose que ces deux morales nomment ''chemin de la vie'' est en vérité chemin de la mort. Il est parsemé d'embûches, ces embûches que les idéalistes ont tendues parce qu'ils doivent sauvegarder leurs intérêts et leurs privilèges dans le monde esclavagiste où ils vivent. Ces deux morales enlèvent à l'homme l'intelligence de comprendre, l'intelligence de l'intelligence, c'est-à-dire l'intelligence de raffermir l'intelligence.

Armez-vous d'un fil d'Ariane, de cette intelligence au carré, une intelligence à la Thésée, pour vous épargner l'esclavage, beaucoup de maladies nerveuses, l'avc ou la folie, provoquées par une morale idéaliste, conséquences d'une possession idéaliste.

Quand vous entrez dans une souffrance, physique ou morale, l'intelligence consiste à trouver le fil d'Ariane, un moyen pour vous en sortir. Quand vous êtes incapable de sortir de cette souffrance dont vous êtes vous-même l'agent, cette incapacité devient un second mal et le pire. Il est difficile d'y résister. Si une morale idéaliste ne trouve pas à cette incapacité un palliatif qui laisse le patient dans une tension perpétuelle, les nerfs cèdent et c'est la folie ou une maladie mentale. Nous comptons alors trois souffrances : la souffrance elle-même, l'incapacité et la folie.

Le Zaïre se trouve au stade de l'incapacité et il n'y a une solution, un fil d'Ariane, une intelligence au carré, le matérialisme actif pour sortir de la souffrance et de l'incapacité.

On dit que la philosophie est la mère des sciences, certainement pas la théologie. Il faut plutôt dire que la philosophie matérialiste est la mère des sciences. En fait, on ne fait pas la science avec les dieux ou avec les morts. On fait la science avec le cerveau et le bic, et cette science est faite non pas pour les dieux ou les morts mais pour les vivants.

La science, c'est l'homme dans le monde pour comprendre la matière qui compose ce dernier, et en tant que lui-même matière, en chair et en os, se situer dans ce monde. La science, ce sont les premiers philosophes matérialistes, atomistes et astralistes qui cherchent à comprendre et connaître la matière et l'univers, et non Saint Augustin idéaliste qui cherche à comprendre et connaître un mystère. L'ange lui a dit que tu ne comprendras et ne connaîtras pas. La solution scientifique est dans le monde et non en-dehors du monde. Le salut est à l'intérieur et non à l'extérieur du pays.

Le salut est à l'Ecole comme le dit bien la Grande Royale, mais cette Ecole ne doit pas être tronquée parc que tronquer la science, c'est lui reconnaître un non-valeur comme le croit toute philosophie idéaliste.

Au moment où le ministre belge Auguste Buisseret a lancé les Ecoles officielles ou laïques au Congo devenu Zaïre (nous devons d'abord comprendre pourquoi ces Ecoles sont appelées OFFICIELLES ou LAIQUES ; ces deux mots renferment un sens très profond qui les oppose à quelque chose), les idéalistes catholiques ont prié et célébré des messes parce qu'ils voyaient en cela une menace de l'homme noir et surtout sérieusement de l'IC.

Les Ecoles officielles ou laïques ont recruté tous les soi-disant déchets des Ecoles catholiques (et continuent à le faire), des garçons et filles non baptisés qui ne donnaient aucune importance à la religion parce que tiraillés d'un autre côté par l'IN. Le combat entre les Athénées laïques et les Collèges catholiques venait de commencer, comme entre les universités officielles et les universités catholiques, le combat certainement entre les socialistes et les catholiques, le combat qui, ayant donné un choc psychique à monseigneur Jean-Felix d'Hemptine a précité sa mort.

Les Bénédictins blancs ont refusé volontairement de former des bénédictins noirs valables pour les remplacer à la tête de leurs collèges. Ce qui fait qu'aujourd'hui leurs collèges sont devenus des mansardes dans lesquelles on donne une culture au rabais. Ce n'est plus le grand collège Saint Grégoire le Grand de Mpempe, le grand recteur Jean-Chrysostome Ekhout qui avait pour idéal de former la crème du pays en recrutant à l'internat tous les premiers et deuxièmes de toutes les sixièmes primaires du Katanga mais ce n'est que dix qui finissait en rhétorique après sept ans de formation. Il n'a pas formé des idéalistes mais des jeunes gens qui avaient la tête sur les épaules. Citons Kalongo Mbikayi, Mulumba Lukoji, Ilunga Célestin qui ont côtoyé le Président Mobutu qui les a admirés pour leur savoir. Beaucoup de karaviens du Collège Saint Grégoire le Grand se sont dis-tingués dans la vie. Citons les professeurs d'université, Mudimbe, Lu mpungu, Kayembe Tharcisse. Citons l'économiste Banza Kalongo Athanase très estimé du professeur Malu wa Kalenga à la Présidence de la République, l'estimable journaliste de la RFI, Kamanda wa Kamanda Muzembe Baudouin. Les bénédictins ont fait partir le recteur Jean-Chrysostome parce qu'il n'a pas formé des idéalistes mais des gens qui raisonnent et parlent très bien.

Les Salésiens aussi ont refusé de former des salésiens valables pour les remplacer, et Don Bosco aujourd'hui n'est qu'un nom ; le pauvre saint ! Il n'a pas eu de chance chez les Noirs. Le sérieux des écoles catholiques n'est aujourd'hui qu'un sérieux idéaliste, car la vraie formation, la vraie science n'y est pas dispensée. C'est dans l'incapacité d'y remédier que le Zaïrois y trouve du sérieux.

Les écoles officielles de leur côté n'ont pas connu leur essor normal. L'avènement de l'indépendance a gâché tout le beau programme. Les athénées à la cité ne sont que des spectres, des épouvantails, toutes les bibliothèques, toutes les salles de gymnastique et tous les laboratoires de chimie et de physique ayant été pillés, l'IC et l'IN étant incapables de les protéger.

De deux côtés, et dans les écoles catholiques et dans les écoles officielles, l'esprit subsiste : l'école primaire pour garçon et l'école primaire pour fille, le collège pour les garçons et les lycées pour les filles. Cette ségrégation due à la peur et tabou du sexe aboutit à des traumatismes parce qu'en famille un garçon vit à côté de sa sœur, mais à l'école, ils doivent être séparés. Pourquoi ?

Pour l'IC, la femme est inférieure à l'homme parce qu'elle est l'os de ses os. Elle va à l'école pour ne pas être inculte étant la compagne de l'homme qui est chercheur et connaisseur. Son rôle est de mettre au monde et d'être la maîtresse de la maison (faire la cuisine, nettoyer les habits, la maison, les enfants, aller au marché) mais elle ne doit pas être inculte devant son mari. La femme d'Einstein a appris la physique pour seulement comprendre Einstein. La femme de mon directeur de mémoire, le professeur Mulumba wa Mulumba, me disait qu'elle faisait sa licence en philosophie rien que pour comprendre son mari qui était philosophe, comprendre ce qu'il faisait et si possible l'aider. Pour l'IC, la femme est une compagne et une aide de l'homme.

L'esprit de ségrégation de l'homme et la femme est combattu par les athénées. Ces sont des écoles mixtes. C'est l'esprit de famille qui continue jusqu'à l'école afin d'éviter des traumatismes. Ce pessimisme que l'homme est mauvais, que la femme n'est pas l'égale de l'homme, qu'elle est distraction et tentation nous vient de l'IC qui par sa spéculation, sa corruption aliénante et traumatisante favorise la prostitution. L'IC fait de l'homme un grand hypocrite qui extérieurement est apparemment un ange sans péché et intérieurement un démon qui la nuit, dans le noir et l'obscurité, en cachette, en catimini se plait dans les vices, le mal, la magouille, la mafia, les vols, les holdups, les crimes odieux et la prostitution comme au bois de Boulogne à Paris.

L'esprit socialiste des athénées devait combattre par les écoles mixtes la ségrégation des garçons et des filles et le pessimisme de l'IC. Cependant, les écoles officielles abandonnées à elles-mêmes après l'indépendance du Congo devenu Zaïre, sans garde-fous à cause des troubles de cessessions, s'écroulent toujours au profit des écoles catholiques qui n'encadrent alors que des enfants des hauts-placés qui gèrent le pays en le pillant. Les zaïrois de bonne foi et de bonne volonté ne manquent pas. Ils sont combien ? Trois contre mille ! L'incapacité ne doit pas nous mener à la folie. L'IC et l'IN ont échoué de faire de ce pays un paradis où il fait bon de vivre à la fraicheur de l'ombre du Seigneur, Créateur de l'univers et propriétaire du Congo devenu Zaïre.

Le Zaïre à toutes les richesses possibles pour créer un environnement viable à tout le monde. Ce n'est pas dans la spéculation, la corruption et la prostitution avec des institutions qui les favorisent que nous créerons cet environnement. Le zaïrois a besoin d'un esprit nouveau. Il a besoin d'une pratique philosophique nouvelle pour redresser la situation car nous sommes au bord d'un gouffre. Le Seigneur nous regarde. Il ne nous laissera pas aller dans le gouffre. Il enverra un ange pour procéder au changement philosophique au pays car sa sagesse est incommensurable. ''Idéalisme et matérialisme au Zaïre'' se veut être un pas dans cette pratique philosophique nouvelle au Zaïre.

Que signifie matérialisme ? D'une part je sais que les noirs africains, entre autres les Zaïrois, ont une peur morbide du mot matérialisme et son contenu qu'ils ne connaissent pas du tout, d'autre part je sais qu'ils ne connaissent pas l'existence du mot idéalisme et son contenu qu'ils ne connaissent pas du tout tout en le vivant inconsciemment à travers l'IN et l'IC. En fait, les Zaïrois sont idéalistes mais ils ne savent pas qu'ils sont idéalistes. Ils ne sont pas matérialistes mais ils savent que le matérialisme existe. Comment ?

Les tenants de l'IC qui ont apporté au Zaïre le mot matérialisme l'ont entouré de mystères angoissants, de quelque chose qui apporte la mort, à tel point que les africains, entre autres les Zaïrois, ont la frousse d'un mot sans connaître son contenu ; exactement de la même manière qu'ils connaissent l'intégrale sans savoir ce qu'elle signifie.

Un idéaliste, c'est quelqu'un qui a peur des dieux qu'il s'imagine, des morts, de la mort et du sexe. Ces trois phénomènes, dieu, mort et sexe sont à l'origine de beaucoup de maladies mentales, des crises de nerfs. Ils traumatisent. Je crois que les psychiatres du Centre Neuro-Psycho-Pathologique, en sigle CNPP, des Cliniques universitaires de l'UNIKIN, sont en mesure de vous donner des cas typiques. L'idéalisme passif est l'arme de ceux qui rendent leurs confrères idéalistes afin de les exploiter, de ceux qui créent la hiérarchie et l'anarchie pour dominer les autres, de ceux qui rendent leurs confrères naïfs au moyen des idées négatives ou des préjugés pour les avoir à leur merci.

Les tenants de l'idéalisme aliènent leurs confrères au moyen de l'idéalisme qu'ils transforment en religion ou bien ils entrent dans une religion en loups sous la peau d'agneau ou en soutane pour opérer. Ils sont sophistes et pessimistes comme si le bonheur n'est pas possible sous le soleil qui en donne à tout le monde. Le péché d'impureté qui rend l'homme impur est lié d'après eux au sexe qui n'est que l'organe de reproduction. A partir du sexe, il y a un homme pur et un homme impur. Malheur aux obsédés sexuels non mariés, ils sont très impurs. Les obsédés sexuels mariés sont très purs.

Un matérialiste est une personne qui cherche à se situer dans le monde, un monde matériel avec ses lois internes qui aboutissent à une organisation sociale toujours améliorée afin d'assurer à tout homme un standing de vie meilleur. L'humain qui se fait en combattant l'inhumain. Il ignore les dieux imaginaires qui le guetteraient dans tous les coins à l'image d'un œil dans un triangle comme un gendarme très zélé qui ne cherche et trouve la joie, une satisfaction qu'à mettre les gens dedans pour les punir.

Pour un matérialiste, les morts sont morts mais il y a des morts qui ne sont pas morts, les morts vivants, ceux qui ont laissé un nom dans le livre de l'histoire du progrès de l'humanité. Le mort vivant, c'est Pasteur, Einstein, Papin, Galilée, Archimède, Socrate,

Karl Marks, Voltaire et beaucoup d'autres. Le progrès de l'humanité est l'intégrale du progrès de la société et le progrès de la société et la dérivée du progrès de l'humanité. Ce progrès est arrivé au 16ème siècle en Occident grâce à la Renaissance de l'Antiquité en Occident au 15ème siècle provoquée par la chute de l'Empire byzantin en 1453, et au 18ème siècle en occident grâce aux philosophes rationalistes socialistes :

> « Au XVIe s, la littérature cherche sa voie dans différentes directions ; elle reflète un peu l'anarchie politique de l'époque. Dans la première partie du XVIIe s, nous allons voir au contraire la société et les lettres tendre vers l'ordre, la règle, sans que les tempéraments individuels en soient étouffés.»[77]
>
> « Les règnes d'Henri IV (+1610) et de Louis XIII (+1643), la minorité de Louis XIV constituent une longue transition, où s'élabore peu à peu un idéal littéraire. De 1660 à 1685-1690, le classicisme s'épanouit. Puis des idées nouvelles paraissent et l'on s'achemine vers le siècle des philosophes. »[78]
>
> « Le XVIIIe s est la suite logique du XVIIe s. l'époque de Louis XIV, par réaction contre l'anarchie du XVIe s, avait admis une stricte discipline en matière politique et religieuse. D'autre part, elle érigeait la raison en juge souverain des questions littéraires. Mais la raison n'avait pas à s'immiscer dans le domaine social et ne s'aventurait pas à examiner le dogme.
>
> Or le règne de Louis XIV se termine très mal : guerres, embarras financiers, misères. Le roi meurt impopulaire et les scandales de la Régence et du règne de Louis XV achèveront de détacher le peuple et la bourgeoisie de la royauté. De même l'intolérance religieuse et les querelles théologiques discréditent l'autorité de l'Eglise (détachent les philosophes de la religion). La foi monarchique et la foi religieuse sont battues en brèche (par la raison). Par ailleurs, les progrès des sciences et surtout les sciences appliquées, annoncés par Descartes et Pascal, sont grands et font naître bien des illusions : on voit en elles un moyen de régénérer la société, en répandant le bien-être, (en créant la république).
>
> Le rationalisme n'est plus comprimé (par la royauté et l'Eglise) et va tout oser : il fera, peu à peu, la critique des institutions. Il s'élèvera contre l'Eglise. La libre pensée ne se cache plus. Si certains écrivains (Montesquieu, Buffon) sont encore des chrétiens sincères, d'autres, comme Voltaire, ne le sont plus que de nom ; d'autres encore (Diderot, d'Alembert, Helvétius, d'Holbach, etc.) ne dissimulent guère leur irréligion ou leur athéisme. La littérature va refléter ces tendances nouvelles : les plus grands écrivains du temps seront des philosophes ; mais ce mot prend au XVIIIe s un sens très spécial : ces penseurs méprisent la métaphysique, la psychologie et même la morale, qu'ils réduisent à la bienfaisance, et ne s'intéressent qu'aux problèmes sociaux. »[79]
>
> ...

---

[77] Jacques Gob, Pages classiques des grands écrivains français des origines à nos jours, Maison d'édition A. De Boeck, Bruxelles, 1969, p. 109

[78] Jacques Gob, Pages classiques des grands écrivains français des origines à nos jours, Maison d'édition A. De Boeck, Bruxelles, 1969, p. 220

[79] Idem p. 220

« Les conditions sociales, du point de vue littéraire, ne changent pas sensiblement au XVIIIe s ; les salons continuent à donner le ton, à lancer les écrivains, à favoriser les idées nouvelles. Ils seront bien entendus *philosophiques* : les plus célèbres sont ceux de Mme de Lambert (vers1720) de Mme de Tencin (vers 1735), et surtout ceux de Mme Geoffrin, de Mme du Deffand, de Mlle de Lespinasse, qui contribueront à répandre, vers 1750-1780, les idées de Rousseau, de Voltaire et de Diderot. »[80]

Les idées nouvelles du 18ème siècle ont battu en brèche la foi monarchique et la foi ecclésiastique. Elles ne sont pas idéalistes. Elles sont matérialistes parce que le matérialiste est une personne qui cherche à se situer dans le monde, un monde matériel avec ses lois internes qui aboutissent à une organisation sociale toujours améliorée afin d'assurer à tout homme un standing de vie meilleur. L'humain qui se fait en combattant l'inhumain. Il ignore les dieux imaginaires qui le guetteraient dans tous les coins à l'image d'un œil dans un triangle comme un gendarme très zélé qui ne cherche et trouve la joie, une satisfaction qu'à mettre les gens dedans pour les punir.

Pour le matérialiste, le sexe est l'organe de reproduction tout simplement et non la source des malédictions. Qu'est-ce que l'impureté de l'eau a à avoir avec le péché d'impureté ou l'impureté de la femme au moment où elle connaît ses règles. Ce stade de créer la confusion, la diversion et l'obscurité dans les esprits des gens avec des jeux de mots et des comparaisons qui ne tiennent pas debout afin de profiter et sauvegarder des intérêts et des privilèges, ce stade est révolu. Il faut avoir les deux pieds sur la terre et non au ciel. Un adage latin dit : « Mens sana in corpore sano ». Le corps humain a besoin d'un esprit sain, d'un corps sain et d'un environnement sain, non d'un esprit enfermé dans le cachot de la confusion, la diversion et l'obscurité.

Un des grands malheurs des africains est de connaître seulement la forme des choses contrairement à ce que font les européens qui connaissent d'abord le fond d'une chose pour lui donner ensuite une forme. En effet pour un européen, les livres (de mathématique, de philosophie, de psychologie, de chimie, de physique et toutes les autres sciences) renferment des concepts bien analysés et bien compris.

Le livre est un ensemble de symboles en commençant par les lettres de l'alphabet et les chiffres. Les symboles sont des formes et non des fonds. Les africains retiennent grâce à leur grande mémoire les symboles et les formes sans comprendre leurs fonds. Je résolvais les exercices des intégrales et des dérivées d'une manière formelle sans les comprendre et je me demandais à quoi servait une intégrale ou une dérivée.

Je ne voyais pas à quoi servait les mathématiques jusqu'au jour où j'ai demandé à l'université à mon professeur de physique, mademoiselle Renart, de me donner un exemple d'intégrale dans la vie courante. Elle m'a répondu, calmement et avec douceur comme elle m'aimait beaucoup, que l'espace est une intégrale et que la vitesse est sa dérivée. Elle a écrit au tableau les symboles ou formules e=vt et e/t=v. J'ai alors compris

[80] Idem p. 221

le fond de ces symboles appelés formules. J'ai compris que le monde est peuplé de beaucoup d'intégrales dont la dérivée s'exprime par la relation ''divisé par''.

Quand je prends la dérivée 5km/h que je multiplie par 10h, je trouve l'intégrale 50km. Quand je prends la dérivée 3litres/h que je multiplie par 8h, je trouve l'intégrale 24litres. Donc, la distance, la capacité, la surface, le volume, le poids, les quantités ''divisé par'' le temps, donnent des dérivées. Quand on dit 5 biscuits par personne, soit symboliquement 5b/p est une dérivée que je peux multiplier par 20 personnes, soit symboliquement 5b/p x 20p= 100 biscuits qui est l'intégrale. Le diviseur temps a été remplacé par le diviseur personne. Les diviseurs sont multiples : par classe, par Km^2, par rang, par goutte, par pays, par kilo, par boîte, par jour, par an, par maison, par fossé, par casier, par porte, par page etc.

Dans la vie, les choses ont un fond qu'il faut comprendre et elles sont représentées symboliquement par une forme. Les livres renferment les symboles des choses et non le fond. Pour comprendre le fond, il faut un maître pour expliquer le fond ou savoir lire entre les lignes. Les livres sont souvent des labyrinthes mortels. Il faut un maître qui explique et qui donne, s'il le faut, un fil d'Ariane pour en sortir vivant.

Il est temps de cesser d'aller chercher bêtement les livres des européens. C'est ainsi que nous avons été indignement et ignoblement dupés par les livres des idéalistes catholiques. C'est le cas du manuel de philosophie de sixième des Humanités dont les élèves mémorisent la forme sans comprendre le fond. Du point de vue pédagogique, il y a une déformation à la place d'une formation. C'est une malhonnêteté intellectuelle. On cache la vérité à l'élève. La vérité est que la philosophie a deux voies qui sont dialectiques, l'idéalisme et le matérialisme. On fait croire à l'élève tout en évitant d'en parler comme au Colloque de Kiswishi que le matérialisme est un philosophisme et non une philosophie. La guerre que l'idéalisme fait au matérialisme date des premières universités au 16ème siècle :

> « François Ier (1515-1547) et sa sœur Marguerite, reine de Navarre, protègent les savants, les lettrés, les artistes. Des châteaux somptueux s'élèvent partout. Le roi attire en France Léonard de Vinci, Benvenuto Cellini et Le Primatice, collectionne les chefs-d'œuvre de l'art italien. Il soutient les humanistes contre l'hostilité des universités de l'Eglise, qui voyait dans l'étude savante de l'antiquité un danger pour la foi. En 1529, il fonde sous l'influence de Guillaume Budé le *Collège Royal,* pour l'enseignement gratuit du grec, du latin et de l'hébreu hors de la tutelle de la Sorbonne. Le mouvement des idées est très vif : on rêve de réaliser, à la lumière des connaissances empruntées à l'Italie et la Grèce, l'idéal de l'homme complet »[81]

[81] Jacques Gob, Pages classiques des grands écrivains français des origines à nos jours, Maison d'édition A. De Boeck, Bruxelles, 1969, p. 220

Les universités religieuses, entre autres la Sorbonne, sont fixistes et elles ont pour centre d'étude Dieu à travers la théologie et les universités officielles, laïques, entre autres le Collège Royale, sont évolutionnistes et elles ont pour centre d'étude l'homme à la lumière des connaissances empruntées à l'Italie et à la Grèce pour réaliser l'homme complet. Tout cela n'est pas expliqué dans le manuel de philosophie des finalistes des Humanités qui a pour but d'aligner l'élève dans le camp des idéalistes catholiques. On lui a lavé le cerveau avec ce manuel et il croit mordicus, comme tous les zaïrois, que la philosophie est une affaire des prêtres et de l'Eglise catholique qui en fait une servante de la théologie.

L'IC a longtemps jeté des livres au visage du zaïrois pour lui obscurcir l'esprit et l'aliéner en lui interdisant de lire des livres qu'il a mis à l'index. On a lu ces livres et on se pose encore et toujours la question de savoir '' c'est quoi la philosophie et elle sert à quoi ?'' La philosophie d'après leurs livres est la recherche de la vérité par la réflexion. Si l'on comprend bien, il existe une vérité et l'on cherche cette vérité. Que l'IC nous dise de quelle nature est cette vérité.

L'IC est une négation de la Bible, de la Révélation et de la foi. C'est de l'apostasie. L'IC en tant que philosophie veut prouver l'existence de l'Etre-Suprême par la raison. Il a parlé à Abraham. C'est une preuve qu'Il existe. La philosophie et la raison ne peuvent pas prouver l'existence de l'Etre-Suprême. Il faut bien qu'il y ait l'Etre-Suprême. Il a créé tous les êtres. Lui est incréé. La raison humaine n'arrivera pas comprendre son incréation. C'est une équation dont on ne connaît pas les inconnus. C'est une énigme insoluble par la raison sinon qu'Il a parlé à Abraham.

Quant à moi, la philosophie, comme toute science, était une énigme et mon génie consiste à avoir résolu cette énigme. Les livres de philosophie que j'avais lus, comme les livres de science ne m'ont pas donné satisfaction. Ce malaise me tourmentait. En effet, non seulement un excès d'alcool mais aussi un excès d'idées a un effet sur le physique : le foie, le cœur, l'estomac. J'étais très soucieux. Le souci tue à petit feu. Il me fallait trouver une guérison à cette insatisfaction.

J'avais devant moi un ennemi inconnu et invisible. Je ne savais pas que l'on m'avait rendu moi-même auteur de mon mal, donc je me tuais moi-même sans le savoir. Mon maître inconnu et invisible se nourrissait à travers mon souci et mon malaise de mon sang, et chaque jour, j'ouvrais moi-même une veine et je donnais mon sang à ce monstre, cela à la place de piquer une crise de nerfs ou de folie. Un roman policier où le policier cherche l'assassin sans savoir qu'il est lui-même l'assassin.

Les livres ne m'ont pas donné satisfaction. Je les ai mis de côté. Les livres des idéalistes dans lesquels j'ai appris la philosophie ont bloqué ma réflexion. L'énigme me regardait et je la regardais sans solution. C'était un nœud difficile à dénouer. J'ai eu une inspiration ; Descartes avait abandonné son état militaire et s'est mis à voyager en Europe cherchant la vérité « dans le grand livre du monde » Il me fallait réfléchir,

réfléchir sur le milieu dans lequel je vivais. Le monde est un grand livre qu'il faut lire. Comment a fini le grand Descartes :

> « En 1629, il se fixe en Hollande, d'où il correspond avec tous les savants et les philosophes de France et d'Allemagne. Persécuté et accusé d'athéisme par les théologiens de l'université de Leyde, il accepte en1649 de se rendre en Suède, où la reine Christine lui offre asile et protection. Mais il ne put résister aux rigueurs du climat et mourut l'année suivante »[82]

C'est dans le grand livre du monde que le Père Tempels a lu la philosophie des bantous tout simplement en les observant et en analysant leur langage, et il a mis par écrit cette philosophie. Je pouvais trouver le dénouement de mon énigme dans le grand livre du monde en observant aussi les gens dans le milieu où je vivais. J'avais des copains qui n'étaient pas de ma tribu, l'industrie minière du haut Katanga étant un mélange des tribus zaïroises, et je me demandais pourquoi mes copains trouvaient normales leurs coutumes qui étaient différentes des miennes pendant que de mon côté je trouvais aussi normales mes coutumes qui étaient différentes de leurs. C'était une autre énigme qui s'ajoutait.

Je suis de la tribu de ''bena mutu wa mukuna'' (les habitants du sommet de la montagne), des gens aux mœurs très rigoureuses et sévères qui n'acceptaient pas du tout le mensonge, le vol et la prostitution tandis mes copains sont de la tribu de ''bena tshibanda'' (les habitants de la vallée), des gens aux mœurs légères qui tolèrent le mensonge, le vol et la prostitution. Il y a de quoi se demander laquelle des deux tribus à raison parce que degustibus coloribusque non dispuntandu.

La religion va préférer les ''bena mutu wa mukuna'' (les habitants du sommet de la montagne), des gens aux mœurs très rigoureuses et sévères qui n'acceptaient pas du tout le mensonge, le vol et la prostitution'' et va accuser les ''bena tshibanda'' de matérialistes. Pour le philosophe, il y a d'un côté les idéalistes et de l'autre des matérialistes. Pour le philosophe, il faut qu'il y ait une justice égale et une égalité juste et chez les idéalistes et chez les matérialistes.

Il y a dans l'IN des tabous et des malédictions qui freinent, bloquent l'évolution et l'émancipation de la personne. Il faut se passer de ces tabous et malédictions qui tuent. Luther a rendu un grand service à l'humanité en proclamant que le travail est une joie contrairement à la Bible qui prétend que le travail est une punition. De cette attitude matérialiste de Luther, l'économie a fait un bon de géant. Que dire alors de l'idéalisme et du matérialisme ?

> L'idéalisme tue l'homme
> Le matérialisme le construit
> L'idéalisme est passif

---

[82] Jacques Gob, Pages classiques des grands écrivains français des origines à nos jours, Maison d'édition A. De Boeck, Bruxelles, 1969, p. 132

Le matérialisme est actif

Méfiez-vous des tenants de l'IC. Ce sont des gens qui sont à court terme honnêtes comme la cigarette mais de très malhonnêtes à long terme. Ce sont des honnêtes-malhonnêtes.

La philosophie à l'école est la connaissance de toutes les formes d'idéalisme et de toutes les formes de matérialisme. La philosophie des philosophes est une mise au point des idéalismes et des matérialismes qui la rend vivante. La philosophie est une profession libérale, la prêtrise est une profession administrative. Il n'y a pas de fusion ou de confusion entre ces deux professions. La religion embrasse la philosophie pour l'étouffer. Avec l'Inquisition, l'IC a traqué des philosophes et des savants qu'il a tués. Descartes a échappé bel.

Avril 1976.

Annexe : documents et photos-souvenir

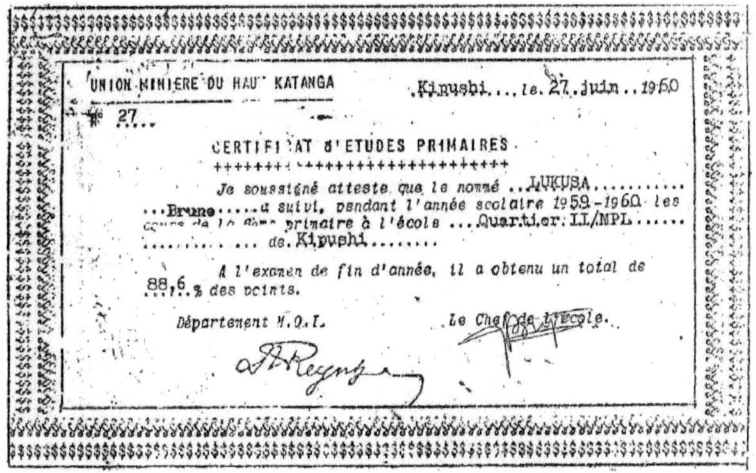

UNION MINIERE DU HAUT KATANGA ... Kipushi.... le 27 juin .. 1960

N° 27..

CERTIFICAT D'ETUDES PRIMAIRES

Je soussigné atteste que le nommé ..LUKUSA.......... ...Bruno.....a suivi, pendant l'année scolaire 1959-1960 les cours de la 6ème primaire à l'école ...Quartier II/MPL...... .... de Kipushi........

A l'examen de fin d'année, il a obtenu un total de 88,6 % des points.

Département M.O.I. ... Le Chef de l'école.

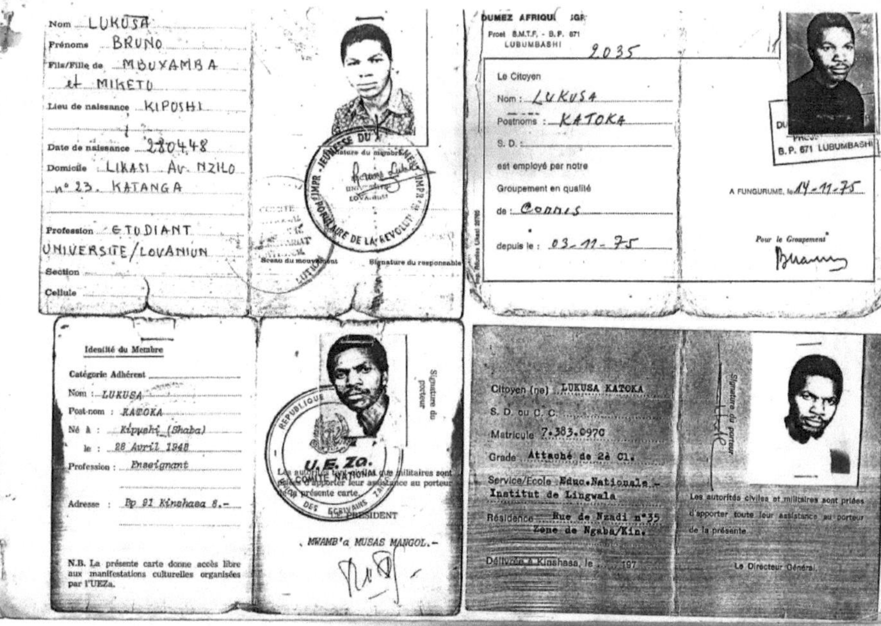

Nom LUKUSA
Prénoms BRUNO
Fils/Fille de MBUYAMBA et MIKETU
Lieu de naissance KIPUSHI
Date de naissance 280448
Domicile LIKASI Av. NZILO n° 23. KATANGA
Profession ETUDIANT UNIVERSITE/LOVANIUM
Section
Cellule

Signature du membre
Sceau du mouvement
Signature du responsable

GUMEZ AFRIQUE
Prost B.M.T.F. - B.P. 671
LUBUMBASHI 2035

Le Citoyen
Nom : LUKUSA
Postnoms : KATOKA
S. D. :
est employé par notre Groupement en qualité de : Commis
depuis le : 03-11-75

B.P. 671 LUBUMBASHI
A FUNGURUME, le 14-11-75
Pour le Groupement

Identité du Membre
Catégorie Adhérent
Nom : LUKUSA
Post-nom : KATOKA
Né à : Kipushi (Shaba)
le : 28 Avril 1948
Profession : Enseignant
Adresse : Bp 91 Kinshasa 8.-

N.B. La présente carte donne accès libre aux manifestations culturelles organisées par l'UEZa.

Signature du porteur
U.E.Za.
Les autorités civiles et militaires sont priées d'apporter leur assistance au porteur de la présente carte.
LE PRESIDENT
MWAMB'a MUSAS MANGOL.-

Citoyen (ne) LUKUSA KATOKA
S. D. ou C. C.
Matricule 7.383.097C
Grade Attaché de 2è Cl.
Service/Ecole Educ.Nationale - Institut de Lingwala
Résidence Rue de Nzadi n°35 Zone de Ngaba/Kin.
Délivrée à Kinshasa, le 197

Signature du porteur
Les autorités civiles et militaires sont priées d'apporter toute leur assistance au porteur de la présente.
Le Directeur Général

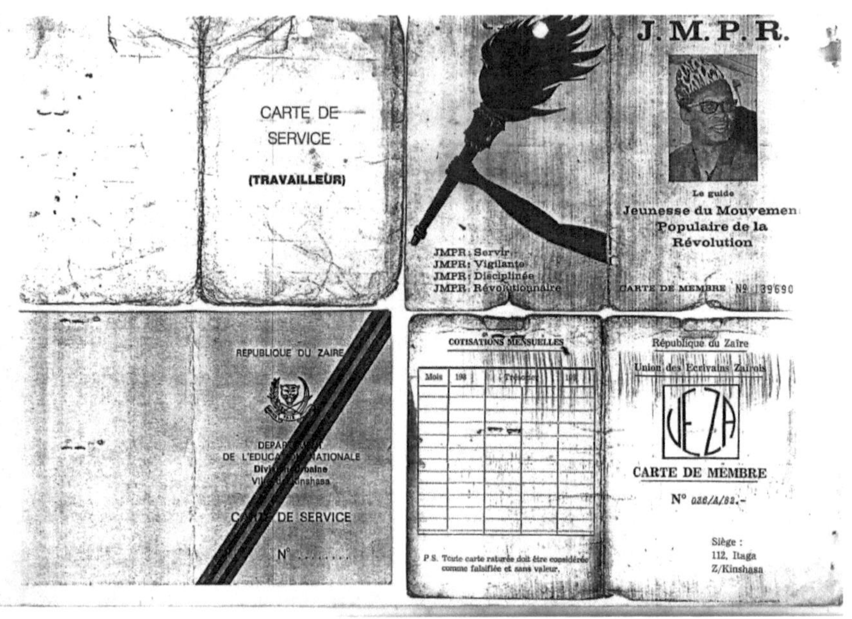
CARTE DE SERVICE

(TRAVAILLEUR)

JMPR : Servir
JMPR : Vigilante
JMPR : Disciplinée
JMPR : Révolutionnaire

J. M. P. R.

Le guide

Jeunesse du Mouvemen
Populaire de la
Révolution

CARTE DE MEMBRE N° 139690

REPUBLIQUE DU ZAIRE

DEPARTEMENT
DE L'EDUCATION NATIONALE
Division Urbaine
Ville de Kinshasa

CARTE DE SERVICE

N° ....

COTISATIONS MENSUELLES

Mois	198	Trésorier	198

P.S. Toute carte raturée doit être considérée comme falsifiée et sans valeur.

République du Zaïre

Union des Ecrivains Zaïrois

UEZA

CARTE DE MEMBRE

N° 036/A/82.-

Siège :
112, Itaga
Z/Kinshasa

UNIVERSITE DE KINSHASA

CENTRE DE FORMATIONS PROFESIONNELLES BACKBONE

Nous attestons par ce présent certificat que le (la) nommé(e) ....LUKUSA KATOKA........ a suivi au centre de formations professionnelles BACKBONE, le(s) module (s) de formation (s) sur : ...BUREAUTIQUE ET IMPRIMERIE... .... et a obtenu une moyenne de ..78.. %.

En foi de quoi, nous lui délivrons le présent Certificat pour servir et valoir ce que de droit.

Fait à Kinshasa, le 25 / 07 /2015.

Formateur

KABUYA ILUNGA Joël

Administrateur.

NKONGOLO TAMINA Alphonse

CERTIPORT · IC3 · Microsoft Partner · CISCO

UNIVERSITE NATIONALE DU ZAIRE
(UNAZA)
CAMPUS DE LUBUMBASHI
B.P. 1825
LUBUMBASHI

N° 2184/74

ATTESTATION

TENANT LIEU DE DIPLOME DE LICENCE

Le Vice-Recteur de l'Université Nationale du Zaïre, Chargé du Campus de Lubumbashi, atteste que le Citoyen LUKUSA Katoka

né (e) à Kipushi le 28 Avril 1948

a été proclamé Licencié en Lettres

Groupe Philosophie, Option : Linguistique

avec mention Satisfaction le 11 Octobre 1974

au cours de la session de Octobre 1974

clôturant l'année académique 1973-1974.

Fait à Lubumbashi, le 30 Octobre 1974

LE VICE-RECTEUR

KOLI ELONGO IPOKOA
Vice-Recteur
COMMISSAIRE D'ETAT

UNIVERSITE NATIONALE DU ZAIRE CAMPUS DE LUBUMBASHI

L'original du diplôme sera remis au récipiendaire au vu du certificat délivré par le service de l'Etat qui l'a employé pendant ses deux ans de réquisition à partir de la date de délivrance de la présente attestation.

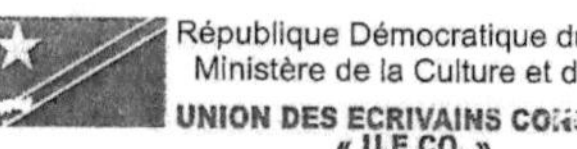

République Démocratique du Congo
Ministère de la Culture et des Arts
UNION DES ECRIVAINS CONGOLAIS
« U.E.CO. »

CARTE POUR ECRIVAIN

N°0.60/UECO/20.14

Nom : LUKUSA

Postnom : KATOKA BRUNO

Qualité : POLYGRAPHE

Adresse : 39, AV. DE LA REVOLUTION Q/HERADY, C/SELEMBAO

Le Président ou son Délégué

CARTE DE CHERCHEUR INDÉPENDANT

Nom : LUKUSA KATOKA

Prénom :

Qualité : Chercheur Indépendant

Domaine : Littéraire

Adresse : 39, Av. de la Révolution
C/Selembao

Fait à Kinshasa, le 10 JUL 2013

Le Secrétaire Général

KALANGA BADIBANGA Francisca

RELEVE D'IDENTITE BANCAIRE

47, avenue Ngongo-Lutete - Kinshasa - Gombe
B.P. 7515 Kinshasa
Tel. : +243 99 601 6000 - Fax : +243 99 601 6070

Nom : LUKUSA KATOKA BRUNO
Name

Code Banque: 01701 — Code Guichet: 006

Numéro de compte: 00604631212940011 — Clé RIB: 01
Account number

CONTACT : CLIENTELE — PHONE : 0996016008

TYPE DE COMPTE : COMPTE COURANT USD
ACCOUNT TYPE

N° R.C.C.M : CD/KIN/R.C.C.M./14-B-2600 - Id. Nat. 01-610-N51496 J - N° Impôt : A0808111 B

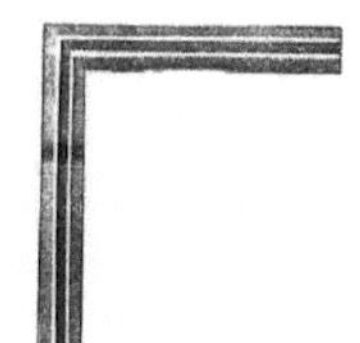

REPUBLIQUE DU ZAIRE
PRESIDENCE DE LA REPUBLIQUE
CHANCELLERIE DES ORDRES NATIONAUX

MEDAILLE DU MERITE CIVIQUE

BREVET N° 160.726/MC.

Le Président - Fondateur du Mouvement Populaire de la Révolution et Président de la République, par décision en date du 24 NOVEMBRE 1984 a décerné

LA MEDAILLE DE BRONZE DU MERITE CIVIQUE

AU CITOYEN LUKUSA KATOK. (INTERFRUITS/KIN.)

Pour ancienneté de services

Le Fonctionnaire - Délégué

REPUBLIQUE DU ZAIRE
UNION DES ECRIVAINS ZAIROIS
(U.E.ZA.)
COMITE DIRECTEUR

BREVET DE PARTICIPATION

Nous, Membres du Comité Directeur de l'Union des Ecrivains Zaïrois (U.E.ZA) attestons que le Citoyen (ne) LUKUSA KATOKA a participé aux assises de l'Assemblée générale extraordinaire tenue à Kinshasa du 23 au 27 octobre 1980 en qualité de Membre Sympathisant

En foi de quoi le présent Brevet lui est délivré.

Fait à Kinshasa, le 11 Janvier 1981

Pour l'Union des Ecrivains Zaïrois.

Le Secrétaire Général

Le Président

REPUBLIQUE DU ZAIRE
COMITE EXECUTIF DU M.P.R.
JEUNESSE DU MOUVEMENT POPULAIRE
DE LA REVOLUTION

BREVET DE PARTICIPATION

Le Secrétariat Général de la Jeunesse du Mouvement Populaire de la Révolution atteste que le (la) Citoyen (ne) LUKUSA KATOKA a participé à la première « Semaine de Dialogue Culturel » tenue à Kinshasa du 21 au 24 Avril 1982 en qualité de MEMBRE DES CONFRERIE DES JEUNES ECRIVAINS

En foi de quoi, le présent Brevet lui est délivré.

Fait à Kinshasa, le 24 AVRIL 1982

LE SECRETAIRE GENERAL DE LA J.M.P.R.

NZANDA-BUANA, Kalemba.
MEMBRE DU COMITE EXECUTIF DU M.P.R.

UNION DES INVENTEURS ZAIROIS

U.I.ZA.

1ER SALON NATIONAL DES INVENTIONS ET DES TECHNIQUES NOUVELLES

DIPL☉ME

APRES EXAMEN ET DELIBERATION, LE JURY RECONNAIT LES HAUTES QUALITES DE L'INVENTION QUI LUI A ETE PRESENTEE ET DECIDE DE REMETTRE

A u Citoyen Lukusu Katcha

POUR L'INVENTION : A titre honorifique pour son soutien à la cause de l'invention

KINSHASA, le 23 juillet 1985

LE PRESIDENT.

Kabasele Muamba

REPUBLIQUE DU ZAIRE
Jeunesse du Mouvement Populaire de la Révolution
J. M. P. R. / Lingwala

Salon Littéraire " Confrérie des Jeunes Ecrivains "
197, Rue Isangi No 197 Zone de Lingwala
KINSHASA

BREVET ABEILLE

(HONORIFIQUE)

No 028

Nous, prédicateurs du Mélangisme et membres de l'école littéraire " Les Abeilles ", attestons par le présent brêvet que le (la) nommé (e) Lukusa-Jr a participé au premier seminaire sur " le Mélangisme " organisé par la Confrérie des Jeunes Ecrivains et qu'il a suivi avec beaucoup d'intérêt tous les travaux,

Vu l'attention et l'effort qu'il (elle) a fourni à la doctrine Mélangiste, le présent brêvet lui est decerné en conséquence.

Fait à Kinshasa - Lingwala, le 25/08/1979

Autorité du Départememt / culture et Arts

Autorité de Zone de la J. M. P. R.

Président de la Confrérie

Lukusa Katoka, directeur à l'Interfruitts/KM, exposant des parfums Kabesele Mwamba au salon des inventions Eureka 87 à Bruxelles

Kabasele Mwamba, patron de l'Interfruits/KM et Lukusa Katoka, directeur, lors d'un achat d'une usine de jus à Washington aux Etats-Unis

Lukusa Katoka et Gail Brown à Utah au souper offert par les Mormons de l'EJCSDJ aux coprésidents de l'IFIA Farag Moussa Kabasele Mwamba lors de la réunion annuelle de la fédération internale des associations des inventeurs IFIA

Lukusa katoka et deux américaines lors de l'achat d'une usine de jus à Washington

Une soirée au restaurant à Bruxelles, la comtesse de Lalain et Lukusa Katoka

La famille Lukusa Katoka Kazezeze

Pieu de Mont- Ngafula 2015 : la famille Lukusa Katoka, (de gauche à droite) sister Miketu Lukusa Carol, Cilanda Badila Brigitte (la mère), Tshimanga Dikwenda Théophile (en mission en Côte d'Ivoire), elder Kabasele Mwamba, Ndaya Mpoyi Générose (jeune fille), grand-prêtre Lukusa Katoka (chargé de l'histoire du Pieu de Mont-Ngafula)

Lukusa Katoka accompagné de Mbiya à l'investiture du chef coutumier

Printed by Books on Demand GmbH, Norderstedt / Germany